ITER ALSTER Ski | KARL SCHRANZ Ski | WERNER BLEINER Ski | CHRISTIAN ORLAINSKY Ski

RID EBERLE Ski

Ski | PAUL FROMMELT Ski | KARL ALPIGER Ski | PAUL ACCOLA Ski | CHRISTA KINSHOFER Ski

Tennis | BALDUR PREIML Trainer | MAX GOLSER Trainer | ARMIN KOGLER Skispringer

ispringer | ALFRED GROYER Skispringer | HARRY VALÉRIEN Sportreporter

KURT JARA Fußball | FRANZ BECKENBAUER Fußball | GERHARD ZADROBILEK Rennrad

shauptmann | SIEGI STEMER Politik | KARLHEINZ KOPF Politik

Fallschirmspringer | PRINZ HUBERTUS VON HOHENLOHE Ski | PRINZESSIN NETTI REUSS-DE SCHEEL

ußball

RECHT Reiterin | PASCAL FROMMELT Motocross

DANIELA BIEDERMANN

TONI MATHIS

EIN LEBEN IN BEWEGUNG

Der Mut
zur Veränderung

MIT EINEM VORWORT VON
DR. RUEDIGER DAHLKE

VAN ECK VERLAG

Bibliografische Information
Der Deutschen Bibliothek

Die Deutsche Bibliothek
verzeichnet diese Publikation in
der Deutschen Nationalbibliografie;
detaillierte bibliografische
Daten sind im Internet über
http://dnb.ddb.de abrufbar.

1. Auflage
www.vaneckverlag.li

Koordination und Redaktion:
Toni Mathis und Elisabeth Walch

Mit Beiträgen von Elisabeth Walch
und Johannes Mattivi

Lektorat: TransWrite – Erika Krammer
Illustration: FURIOSO Roland Ott
Fotonachweis: Wolfgang Wilhelm,
Hans-Peter Gaukler, Rüdiger Schulze
Gestaltung und Satz: Adverta AG
Druck: BVD Druck + Verlag AG

Printed in Liechtenstein
ISBN: 978-3-905501-91-9

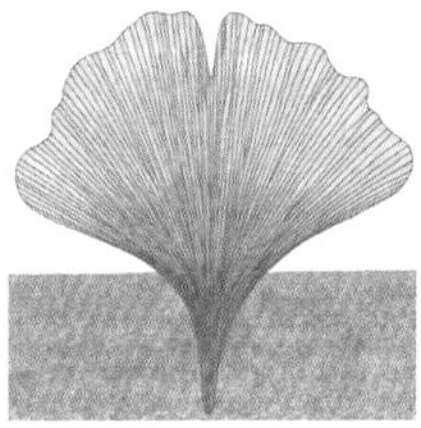

INHALT

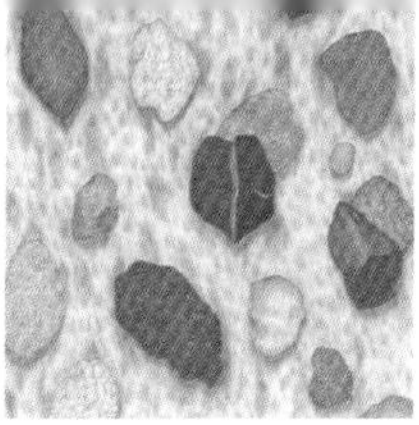

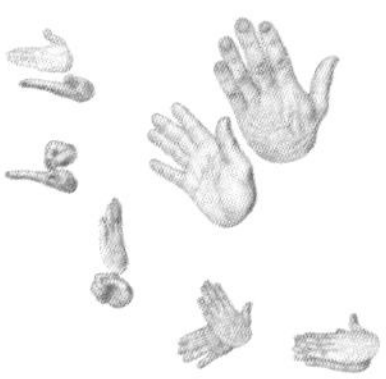

Im
Land
des Fitneß-Gurus
Der Therapeut
„Motivationspyramide" als
Massieren,
Die »goldene
Fitneß durch
TANKEN
BEI TONI
IN BESTEN HÄNDEN
Sportstars pilgern nach Feldkirch
einen „Arzt"
DER KRAFTSPENDER
Der bewegte Mann
Grenzenlos ist
nur der Geist

Vorwort von Dr. Ruediger Dahlke

Gern schreibe ich dieses Vorwort zu diesem Buch, das in anschaulicher und lebensnaher Weise die Behandlungsmethode von Toni Mathis darstellt. Diese stimmt so weitgehend mit meinen Empfehlungen für Ernährung und Trinken, Bewegung und Regeneration, Schlaf und Eigenverantwortung überein, dass es mich schon eigenartig berührt und zugleich beruhigt. Nicht auszudenken, wenn Toni zu anderen Ergebnissen käme, ich müsste meine sogleich überdenken. Wie beruhigend, dass sich unsere Erkenntnisse über die im Schwerpunkt doch verschiedenen Arbeitsbereiche hinaus so sehr decken und damit bestätigen.

Toni Mathis kommt wie kaum ein anderer im Gesundheitsbereich aus der Praxis. Er ist für mich die Personifizierung des ärztlichen Spruches „Wer heilt, hat Recht". Lange bevor Orthopäden zu erkennen begannen, dass der Mensch einen Bewegungs- und keinen Schonungsapparat hat, ging Toni davon aus und gab seinen Patienten die entsprechenden Ratschläge, die Schulmedizinern früher skandalös erscheinen mussten. Aber auch für Betroffene mag es nicht immer und von Anfang an ganz bequem gewesen sein, wenn Toni sie auf seine freundlich-bestimmte Art auf die Berge scheuchte und zur Erholung in die Sauna schickte, ihnen das gewohnte Essen verweigerte und dafür Neues in verschiedener Hinsicht auftischte. Der Weg zum Himmel der Gesundheit führt bei ihm oft über die Stufen der Himmelsstiege, aber speziell über die Europatreppe, ebenfalls in seiner Heimat Vorarlberg. Auf dieser wundervollen längsten Treppe der Welt haben seine Patienten schon manchen Schweißtropfen gelassen und es spricht für ihn, dass er so etwas Einfaches wie eine Treppe zu seinem bevorzugten medizinischen „Fitnessgerät" erwählt hat. Wenn ich Treppen steige, was ich gern tue, seit ich Toni Mathis darüber sprechen hörte, denke ich oft an ihn und daran, dass die größten Wahrheiten oft und gerade auch in der Medizin einfach sind. Die Wahrheit ist fast genial banal: die Treppen im Leben – auch im übertragenen Sinn – selbst hinaufsteigen und den Lift für den Abstieg benutzen und eben nicht umgekehrt.

Trotz solch oft unbequemer Wahrheiten und Übungen scheint es bei Tonis Seminaren, die so vieles von den Teilnehmern fordern und noch mehr in ihnen bewegen, wenig Widerstand zu geben. Das mag unter anderem auch daran liegen, dass er neben seinen überaus praktischen und oft drastischen Beispielen auch diese starken und über die Maßen überzeugenden Hände hat. Er kommt nicht nur aus der Praxis, er bleibt ihr ständig verbunden. Als Patient – und ich war auch schon in seinen „Händen" – braucht man ihm nichts zu glauben, und er verlangt das auch gar nicht, man kann es sogleich spüren, dann allerdings muss man seinen Vorschlägen folgen. Wobei ich sie so erlebt habe, dass selbst dabei der eigene Körper einen leitet, denn folgt man den Vorschlägen nicht, wird es wieder schlimmer, wo immer es gedrückt hat. Folgt man ihnen dagegen, wird es leichter. Man braucht dazu keine Röntgen- oder CT-Aufnahmen, man spürt es einfach.
Was Toni aber auszeichnet, ist, dass er sehr wohl um die Möglichkeiten moderner Schulmedizin weiß und Röntgen- und CT-Bilder durchaus machen lässt, wenn es notwendig ist. Persönlich würde ich mir – nach 30 Jahren engagierten Arztseins – sehr gut und sehr lange überlegen, mich auf Rat eines schulmedizinisch ausgerichteten Orthopäden operieren zu lassen. Würde es mir jemand wie Toni raten, würde ich mich dagegen nicht trauen, noch lange zu warten. Insofern sind es für mich gerade Therapeuten wie er, die ihre eigenen erstaunlichen Fähigkeiten und die der Universitätsmedizin kennen und richtig einschätzen, die sich als natürliche Brückenbauer zwischen Erfahrungsheilkunde und Schulmedizin eignen. Die Orthopädie hätte sich einige Umwege und Sackgassen ersparen können, wenn sie sich früher von seiner Arbeit und ihren Ergebnissen hätte beeinflussen und überzeugen lassen.
Das Entscheidende an Tonis Methode und seinen so überaus und über die Jahre erfolgreichen Fitness-Seminaren ist aber wohl seine Persönlichkeit, die sich in der gewinnenden, überzeugenden Art und den entsprechenden Händen ausdrückt und oft auch in schwierigen und manchmal sogar aussichtslosen Situationen noch neue Hoffnung vermittelt. Gerade weil er so ehrlich ist, weder schnelle Wunder verspricht noch unrealistische Erwartungen weckt und einem kaum etwas erspart. So genial sein Zugriff zu den Knackpunkten des Organismus ist, zum Schluss muss man als Patient – Promi oder Normalverbraucher – immer selbst ran, Eigenverantwortung wird so zu einem Schlüsselwort seiner Erfolge und einer weiteren Verbindung zwischen unserer beider Art von Medizin. Auch wenn sie am

Körper ansetzen, zielen Tonis Hinweise, die er oft wie nebenbei und unspektakulär gibt, doch auf den ganzen Menschen und lassen Seele und Geist keinesfalls außen vor.
So ist es ein Glück für seine Patienten, dass er sich den Blick durch kein Orthopädiestudium verstellen ließ, obwohl ihm das sicher viel schnellere und einfachere Anerkennung beschert hätte. So aber hat er seine unkonventionellen neuen und im wahrsten Sinne Bahn brechenden Methoden in Eigenregie und gegen vielfache Widerstände der herrschenden Medizin entwickelt und durchgesetzt. Nachdem er nie für lange Belegzeiten in einer Klinik sorgen musste, hat er wie kaum ein anderer die Leute schnell wieder auf die eigenen Beine und in die eigene Verantwortung gebracht.
Er musste und durfte immer in eigener Verantwortung und erfolgsorientiert arbeiten. In der staatlich subventionierten und geschützten Oasenwirtschaft der Schulmedizin, wo inhaltliche Fehler über Jahrzehnte mitgeschleppt werden, wäre das ungleich schwerer gewesen. Das Kassen- und Krankschreibesystem bringt ja auch eine Art von Schutzzöllen für weniger fähige Schulmediziner mit sich. Die brauchen nicht viel zu können und können sich vieles leisten, solange sie die Leute krankschreiben und sie (fast) nichts kosten. In der freien, erfolgsabhängigen Gesundheits-Wirtschaft hatten wir diese denkfaul machenden Möglichkeiten nie. Wo der Orthopäde Schonung rät und ruhig stellt, haben wir oft dazu geneigt, Bewegung zu verordnen, zumindest geistige. Orthopäden, die heute noch reflexhaft ruhig stellen, um die Gelenke oder Muskeln zu erhalten, rate ich gern: „Schonen Sie doch auch weiterhin Ihr Hirn, vielleicht hält es dann lange."
Als Toni Mathis vor Jahren das erste Mal eines meiner Seminare besuchte, wusste ich erst gar nicht, wer mir da zuhörte. Erst als ein Hubschrauber landete und ihn zu einem verletzten Spitzensportler holte, war mir klar, wer er ist. Das ist für mich typisch geblieben. Als wir kürzlich und viele Jahre nach dieser ersten Begegnung in einem anderen meiner Seminare gemeinsam Silvester feierten, war es immer noch so. Wo ich es oft als eine Herausforderung erlebt habe, einer solchen Koryphäe unter den Seminarteilnehmern Anweisungen für Übungen zu geben, fällt Toni höchstens dadurch auf, dass er die Möglichkeiten der vorgeschlagenen Übungen tiefer ausschöpft und länger nachklingen lässt.
Er hat es eben bis heute und inzwischen weniger denn je notwendig, viel Aufheben um seine Person zu machen, seine Methoden allein haben vieles

aufgewirbelt und sind heute von der Orthopädie vielfach stillschweigend übernommen worden. War es vor Jahren noch ein Skandal, wenn er einen Gips – angeblich viel zu früh – von einem Knie herunterschälte, machen Schulmediziner ihn heute vielfach schon gar nicht mehr drauf. Die Einführung zu diesem Buch über ihn gibt mir immerhin Gelegenheit darauf hinzuweisen, wem wir das tatsächlich verdanken.
Persönlich verdanke ich ihm neben Anregung und Austausch über Ideen und Möglichkeiten unseres gemeinsamen Themas – einer menschlichen und erfolgsorientierten Medizin – vor allem auch Zuversicht, Hoffnung und auch Stolz. Ich hab mich als Arzt schon oft für Medizyniker unter meinen Kollegen geschämt, aber es gab immer auch Therapeuten wie Toni Mathis, die Dinge in Bewegung gebracht haben, Neuland erobern halfen und in ihrer Menschlichkeit ansteckende Gesundheit und Mut verbreiteten – und dabei noch so wundervoll lebendig geblieben sind wie Toni, dem man ansehen kann, dass seine (Lebens-)Methode funktioniert und Sinn macht. Ich wünsche diesem Buch über seine Arbeit und damit auch ein wenig über ihn großen Erfolg.

Ruediger Dahlke, Seminyak, Bali, Januar 2007
www.dahlke.at

Prolog von Daniela Biedermann

Den Namen Toni Mathis habe ich erstmals im Winter 1998 gehört, als er in Tirol ein neues Fitness-Projekt in Hotels vorstellte. Dass der Masseur und Physiotherapeut aus Vorarlberg damals in Sportlerkreisen längst ein Star war, ahnte ich noch nicht. Ich war als Redakteurin für ein Gesundheitsmagazin aus der Schweiz nach Österreich gereist, um einen Artikel über das neue Programm und seinen Initiator zu schreiben.

Meine Begeisterung über den Auftrag hatte sich in Grenzen gehalten, war für mich der Begriff Sport doch gleichbedeutend mit schweißtreibender Quälerei, Fitness verband ich mit der Vorstellung von stundenlanger Schinderei an Foltergeräten in überfüllten Fitness-Zentren.

Entsprechend meiner Bewegungsfaulheit war meine körperliche Form so ziemlich auf dem Nullpunkt, was mir schon kurz nach der Ankunft schmerzlich bewusst werden sollte. Der grauhaarige Mann mit den eisblauen Augen, der sich als Toni Mathis vorstellte, fackelte nicht lange: mit einem Pulsmesser versehen wurden wir Journalisten auf eine Laufstrecke geschickt. Mir ging die Luft bereits nach wenigen hundert Metern aus. Die kurze Strecke reichte aus, um mir klar zu machen, dass es um meine Fitness ganz schön schlecht bestellt war. Und das mit knapp 40 Jahren. Wie sollte das in zehn Jahren aussehen? Zwei Tage dauerte die Plackerei. Wir Schreiberlinge stapften mit nackten Füßen durch den Schnee, liefen auf allen Vieren den Hügel hoch und wanderten mit Schneeschuhen durch den Winterwald.

Zu meiner eigenen Verwunderung begann mir das Bewegungsprogramm Spaß zu machen. Toni Mathis übte keinen Augenblick lang auch nur den geringsten Druck auf uns aus. Er machte uns aber in seiner direkten Art klar, was wir unserem Körper und unserem Geist täglich antun. Er ermunterte die Schwächeren und trieb die Stärkeren an, Konkurrenzdenken und Spitzenleistungen waren nicht gefragt. Und dabei ging er selbst stets mit gutem Beispiel voran, machte jede einzelne Übung mit. Ein Vortrag darüber, was ein ganzheitlicher Ansatz für ein gesundes, ausgeglichenes Leben außer Bewegung noch beinhaltet, rundete das zweitägige Programm nach einem mitternächtlichen Fackelzug am Lagerfeuer ab.

Auf meiner Fahrt nach Hause fühlte ich mich seltsam leicht und glücklich, voll mit guten Vorsätzen. In einem mit Familie, Beruf und Alltagspflichten ausgefüllten Leben ist es schwer, alle guten Vorsätze in puncto Bewegung, Ernährung und Erholung in ganzem Umfang umzusetzen. Aber es reicht schon, nicht wieder ganz in den gewohnten, ungesunden Alltagstrott zu verfallen. Kaffee und Alkohol reduzieren und Treppen steigen statt den Aufzug benutzen sind ja schon mal ein guter Anfang.

Zu Toni Mathis' absolut erstaunlichen Eigenschaften gehört, dass er Menschen, die einmal mit ihm zu tun hatten, nie vergisst. Und obwohl er als gefragter und viel beschäftigter Sporttherapeut ständig auf der ganzen Welt unterwegs ist, kam in den folgenden Jahren immer wieder ein kurzer Anruf mit der Frage nach dem Wohlergehen. Als Toni Mathis im August 2006 anrief, befand ich mich vor einer beruflichen Neuorientierung. So kam sein Vorschlag, dieses Buch zu schreiben, genau zum richtigen Zeitpunkt. Als Journalistin bin ich gewohnt, komplexe Themen in kurze, leserfreundliche Artikel zu packen. Da ist es eine freudige Herausforderung, ein ganzes Buch über einen Themenkreis zu verfassen.

Also besuchte ich Seminare für Manager, in denen Toni sein Wissen weitergibt. Ich reiste nach Gaschurn in Vorarlberg, um an einer seiner Fitnesswochen teilzunehmen und am eigenen Körper zu erfahren, wie gut man sich nach einer Woche ohne Kaffee, Wein und Handy, einem voll gepackten Bewegungsprogramm und täglicher Vollwert-Ernährung fühlt. Und ich sprach mit Menschen, Prominenten und Nichtprominenten, über ihre Erfahrungen und Erlebnisse mit Toni und seine manchmal ungewöhnlichen Therapieansätze.

Toni Mathis' „Lehren" kann man mit Worten allein kaum erklären, viele Dinge muss man im wahrsten Sinn des Wortes erfahren, um zu begreifen, was er einem mitgeben will. Aber eines ist sicher, folgt man seinen Ratschlägen, fühlt man sich auf der ganzen Linie besser.

So ist dieses Buch eine Mischung aus Toni Mathis' sieben Ansätzen für ein ganzheitliches Wohlergehen, persönlichen Eindrücken und den Aussagen von Menschen, die Toni als Therapeuten und Freund kennen gelernt haben. Und einige Erlebnisse aus der Fitnesswoche werden in dem Zusammenhang ebenfalls zum Thema.

Toni Mathis ist ein herausragender Therapeut, der die Gabe hat, Menschen zu bewegen, ihnen den Anstoß zu geben, in eine andere, bessere Richtung zu gehen. Die Dinge in die Hand nehmen und umsetzen, das muss jeder Einzelne selbst tun. Toni Mathis ist weder ein Guru noch ein Zauberer. Er ist ein Mensch, der mit voller Überzeugung hinter dem steht, was er sagt. Er ist ein Mann, für den sein Beruf zur Berufung geworden ist und der mit 100 Prozent das vorlebt, was er lehrt. Und das ist wohl auch das Geheimnis seines Erfolgs.

Biografie

Wer ist dieser
Toni Mathis?

Biografie

Toni Mathis zu beschreiben, ist eine herrliche Aufgabe. Man kann aus dem Vollen schöpfen, in die Superlative gehen.
Er verkörpert Kraft, Energie und auch Ruhe und Gelassenheit. Gleichzeitig ist er ein Getriebener, immer auf der Suche nach neuen Mitteln und Wegen, auf seinem Gebiet Menschen zu helfen, sie wieder fit zu machen. Denn, da sind sich alle einig, die schon in irgendeiner Weise auf ihn vertrauen und sich von ihm helfen lassen konnten, er wird sich nie auf seinen Lorbeeren ausruhen, sich zur Ruhe setzen. Wenn er auch die eine oder andere Tätigkeit reduziert, auf andere Weise hilft er uns doch auch weiterhin. Dafür sei ihm gedankt, ebenso wie seiner Familie, die dabei voll hinter ihm steht.
Es wurde schon so viel über ihn gesagt und geschrieben – von Journalisten, Sportlern, Managern und anderen Persönlichkeiten. Über Toni Mathis, den Fitness-Papst, den Guru unter den Heilmasseuren, den Mann mit den goldenen Händen oder, wie Harry Valérien, die Legende unter den deutschen Fernsehjournalisten, über ihn sagte: „Toni ist kein Guru, kein Zauberer, wohl aber Heilender. Ein Therapeut, der lebensnah und naturverbunden seiner Berufung folgt, mit Demut, Können und Optimismus."
Doch nun zum Werdegang des Toni Mathis, den Schwierigkeiten, die er zu überwinden hatte, seiner Hartnäckigkeit und seinen Erfolgen.

Ein wenig Geschichte

Zwei Jahre nach seiner Schwester Agnes brachte Theresia Mathis ihren Sohn Anton am 10. April 1948 in Rankweil im österreichischen Vorarlberg zur Welt. Die Familie war arm, Vater Reinhold war als LKW-Fahrer beim Bau der Stauseen beschäftigt und verbrachte den Sommer auf der Alm, die er von seinem Vater übernommen hatte. Auch die Mutter musste dazuverdienen und stand in einer Nudelfabrik am Fließband. Ihr Heim war eine kleine Stube, zwei Schlafzimmer und die Küche. Die Räume lagen direkt neben der Kornkammer auf dem Bauernhof des Großvaters und waren extra für die kleine Familie umfunktioniert worden. Der Holzherd in der Küche gab etwas Wärme ab. Aber in den Schlafzimmern blieb es kalt. Um sich zu wärmen, wurde Wasser auf dem Holzherd heiß gemacht und in Bettflaschen aus Eisen gefüllt, an denen man sich die Füße verbrannte. Als Toni etwa sieben oder acht Jahre alt war, ersetzte ein Gasherd den Holzherd zum Kochen. Geheizt wurde weiterhin mit Holz. Mit dem neuen Gasherd dauerte die Zubereitung der täglichen Mahlzeit nicht mehr so lange. Meist gab es „Ribel", in viel Butterschmalz gebratener, gerösteter Mais oder Bratkartoffeln aus selbst angebauten Kartoffeln.

Stammgast im Unfallkrankenhaus

Toni musste schon als kleiner Bub fest zupacken. Das machte ihn zwar einerseits zu einem zähen, kräftigen kleinen Burschen, es blieb aber nicht aus, dass er andererseits immer wieder Verletzungen davontrug. Er war halt ein bisschen zu wild, ließ sich Schmerzen nicht anmerken und schreckte vor keiner Mutprobe zurück. Immer in Bewegung, immer auf der Jagd nach etwas.

Mit drei Jahren stürzte er von der Leiter. Das Blut quoll ihm aus den Ohren, sodass die Mutter ihn mit dem Fahrrad ins Unfallkrankenhaus schob. Von dem dort diagnostizierten Schädelbasisbruch und der nachfolgenden Hirnhautentzündung konnte er sich lange nicht erholen. Einige Monate später fiel er von einer kleinen Brücke und hing mit dem Kinn auf einem Brett aufgespießt wenige Zentimeter mit dem Kopf über Wasser. Auch daran erinnert eine seiner zahlreichen Narben. Besonders nach seinem Schuleintritt häuften sich die Verletzungen mit aufgeschlitzten Augenbrauen, Schlüsselbeinbruch und anderen Blessuren. Mit neun Jahren kam dann der erste Beinbruch dazu, natürlich beim Skifahren. Denn das war von klein auf seine größte Leidenschaft. In jeder freien Minute fuhr er über die steilen Hänge der Umgebung, bis er wegen der Dunkelheit nichts mehr sehen konnte. Dabei trieb ihn der Ehrgeiz manchmal zu Dingen an, die er trotz seines muskulösen kleinen Körpers halt doch noch nicht packte.

Ja, im Winter gab es einen kleinen Spielraum, er hatte neben Schule und Arbeit auch noch Zeit für den Sport und da war Toni nicht mehr zu halten. Er stieg in die schweren Lederstiefel, schulterte die alten geschichteten Skier von „Rauch" und machte sich auf den steilen Weg hinauf nach Furx. Weil das Geld für den Bus fehlte, musste er die anderthalb bis zwei Stunden meist zu Fuß den Berg hinaufstapfen, aber in diesem Skigebiet trainierten auch die damaligen Skirennläufer und das motivierte ihn. Toni bewunderte sie. Zu ihnen, die später mit dem Kader zu den großen Rennen ins Ausland reisen durften, wollte er auch gehören.

In der Schule ging es Toni nicht so gut. Er war Legastheniker, aber damit wusste man damals noch nichts anzufangen. Einzig sein Lehrer aus der dritten bis fünften Klasse, Sepp Prantl, ahnte, dass mehr in dem Bauernbuben steckte. „Um den Buben muss man sich keine Gedanken machen, aus dem wird schon etwas werden. Er ist mit seinen zehn Jahren schon so erwachsen, alles, was er angreift, macht er gut und ordentlich. Was immer passiert in seinem Leben, er wird durchkommen."

Hart arbeiten hat er schon früh gelernt

Toni war schon als Kind ein kräftiger Bursche und er war sehr stolz darauf, dass er mit neun Jahren schon so viel Kraft besaß, dass er mühelos zwei Kühe melken konnte. In den Sommerferien, wenn seine Schulkameraden frei hatten, wurde der Bub auf die Alm geschickt, zum Kühe hüten. Ganz alleine war der Schulbub da auf sich gestellt mit bis zu achtzig Stück Vieh, für das er tagsüber verantwortlich war. Bei Sonne, Wind und Wetter, immer in kurzen Lederhosen. Oft hat er sich auf dem Berg alleine gefühlt und sich nach dem Trost der Mutter gesehnt. Aber er hat durchgehalten und sich nie beklagt. Der kleine Toni lernte, anzunehmen, was nicht zu ändern ist, und nicht daran zu zerbrechen.

Dass er arbeiten musste, wenn die anderen spielten, das gehörte zu seinem Leben. Diese harte Kindheit hat Toni geprägt. Sie hat ihn Demut, Disziplin und Durchhaltevermögen gelehrt, er hat dadurch aber auch eine tiefe Beziehung zur Natur bekommen. Als Kind lief er noch barfuß durch den Regen, auch wenn es kalt war. Er wusste noch, wo die kleinen Füchse wohnen, hat hin und wieder um fünf Uhr früh auf dem Weg die Gämse beobachtet, denn wenn er nicht beim Vieh war, dann wurde Toni morgens losgeschickt, um dem Vater die Jause zu bringen.

Käse, Speck, Brot und manchmal auch noch Wasser wurden dem zähen Buben in den Rucksack gepackt. Sechs Kilo schleppte Toni auf dem Rücken anderthalb Stunden den Berg hinauf, wo der Vater mit vier bis fünf Mann seit vier Uhr früh das Gras mähte. 400 bis 500 Höhenmeter erklomm der kleine Bub mit dem großen Rucksack auf dem Rücken. Er kannte nur ein Ziel: „Ich muss da rauf." Mächtig stolz war Toni, dass er es schaffte. Das hat ihn gelehrt, dass man Kräfte hat, die man sich nie zugetraut hätte. Die Disziplin und das Durchhaltevermögen sollten später wichtige Begleiter in Tonis Leben sein. Unheimlich wichtig war für ihn damals das kleine Lob vom Vater, wenn er mit der Verpflegung oben angekommen war: „Auf dich ist

Verlass." Davon hat Toni gezehrt. Das gab dem Buben das ersehnte Gefühl dazuzugehören. Hier, beim Vater und seinen Arbeitskollegen, da war er ein wichtiges Rädchen im Getriebe. In der Schule, bei seinen Kameraden war das nicht möglich. Toni konnte ja fast nie bei gemeinsamen Unternehmungen dabei sein. Während die anderen nach der Schule Fußball spielten, musste Toni dem Großvater auf dem Hof helfen. Zu tun gab es immer etwas. Etwa die Kühe melken oder das Fuhrwerk mit Holz beladen und ausfahren. Die Eltern mussten arbeiten und Geld verdienen, für Toni und seine Schwester blieb kaum Zeit. Es gab kaum ein liebes Wort oder gar eine Umarmung. Die beiden Kinder waren weitgehend auf sich alleine gestellt. Aber die beiden bildeten eine verschworene Gemeinschaft, sie hielten zusammen wie Pech und Schwefel. Diese Verbundenheit hielt auch an, als beide längst erwachsen waren und so war es für Toni ein sehr großer Verlust, als seine Schwester Agnes im Dezember 2006 nach einer längeren Krankheit verstarb. Eine schwierige Situation, in der er ihr „nur" helfen konnte, indem er sie begleitete, für sie da war.

Hinaus in die Arbeitswelt

Als die Schule zu Ende war, hatte es sich Toni in den Kopf gesetzt, aus dieser tristen Welt auszubrechen. Er wollte nicht sein Leben damit verbringen, Käse zu fabrizieren und Kühe zu hüten, wenn er das auch noch so gut konnte. Er wünschte sich nichts sehnlicher, als richtig Sport zu betreiben, etwas, das er aus Zeitmangel bisher nicht richtig hatte tun können. Um Geld zu verdienen, hatte er nach Schulende eine Stelle bei der Spinnweberei in Hohenems angetreten, bis er das Angebot bekam, bei der Firma Kästle eine Lehre als Sportartikelerzeuger zu machen. Toni sah seine Chance – Kästle baute vor allem Skier. Und Skifahren, das war seine Hoffnung. Der Sport sollte ihm das Tor zur weiten Welt öffnen, das Leben hier war zu eng für ihn. Es war die Zeit eines Karl Schranz, der hatte es schon geschafft. Und er, der Toni Mathis, hatte den Willen und die Kraft, es ihm gleichzutun. Ski fahren konnte er, er war sogar ein sehr guter Skiläufer. Und etwas aushalten konnte er auch, das hatte er zur Genüge gelernt. Für Toni war der „Snowking" mit der „Marker"-Bindung, bei der sich der Kopf seitlich auslöste, ein Traum. Es waren die „Bretter", die die „Welt" für ihn bedeuteten.

Nach neun Monaten Lehre bei Kästle ging die Firma pleite. Doch glücklicherweise bot sich die Firma Sohler in Wangen im Allgäu an, Toni weiter zu beschäftigen. Vor allem reizte ihn, dass die Firma im Ski-Rennsport engagiert war und er bei Rennen mitfahren konnte, wenngleich auch nur auf regionaler Ebene. Er trainierte wie ein Besessener, behalf sich mit seiner Kraft, wo die Technik nicht reichte. Und wieder war ihm das Glück nicht hold. Ein Sturz im Training hatte einen Spiralbruch des Unterschenkels zur Folge. Und damit nicht genug: Toni bekam wieder eine Hirnhautentzündung mit quälenden Kopfschmerzen. Da sich später herausstellte, dass die schwere Akne, die ihn zu dieser Zeit plagte, einer Kunststoffunverträglichkeit zuzuschreiben war, konnte er auch seine Tätigkeit bei der Firma Sohler nicht mehr fortsetzen. Dabei hätte er die Chance gehabt, in dem neu errichteten Werk in Kanada zu arbeiten.

Und wieder ein Neuanfang

Nun stellte sich erneut die Frage, was tun, womit Geld verdienen? Schwester Agnes, die später Besitzerin einiger gut gehender Lokale in Feldkirch war, arbeitete damals schon im Gastgewerbe. So lag es nahe, dass Toni dies auch in Erwägung zog. Er fand eine ordentlich bezahlte Stellung in einem Darmstädter Hotel, wo ihm neben seiner Arbeit im Service und an der Rezeption Zeit blieb, den Führerschein zu machen und sich sportlich zu betätigen. Da er gerne lief und auch um seine Fitness zu testen, nahm er am Volkslauf in Darmstadt teil – mit jämmerlichem Ergebnis! Er hatte sich völlig überschätzt und musste feststellen, dass ohne richtiges Training auch die Kraft wirkungslos verpufft.

Nach dem Militärdienst, den er trotz seiner zahlreichen Verletzungen in den Bergen mit Marschieren in der frischen Luft absolvieren durfte, enthob ihn zunächst einmal ein Job in einer Diskothek der Existenzsorgen. Es war ihm klar geworden, dass er seiner Karriere als Skirennläufer Adieu sagen musste. Und so kam ihm die Idee, es mit der Trainerlaufbahn zu versuchen. Die damit verbundenen Sprachkenntnisse wollte er zunächst in einer Schule in Bath in Südengland erwerben. Kurz vor seiner Abreise half er seiner Schwester, ein Boot aus dem Wasser zu heben und zerrte sich – seiner Meinung nach – den Gesäßmuskel. Drei Tage später machte er sich mit seinem alten Auto auf den Weg nach England. Ein vor der Reise konsultierter Arzt

hatte ihm versichert, dass es wirklich eine Zerrung sei. Er müsse nur ein bisschen locker laufen, dann würde sie schon vergehen. Toni lief so weit und so viel wie nie zuvor, aber nachdem die Schmerzen nicht mehr auszuhalten waren, begab er sich freiwillig ins Spital. Diagnose: Bandscheibenvorfall.
Die Behandlung sah damals Folgendes vor: Man hängte ihn am Becken auf, um die Wirbelsäule zu entlasten, und verabreichte ihm Schmerzspritzen, die ihn erst einmal 36 Stunden schmerzfrei durchschlafen ließen. Als er aufwachte, machte er sich mit der Umgebung vertraut. Es war ein ständiges Kommen und Gehen in dem 19-Betten-Saal. Alle Besucher brachten etwas zu essen mit. Mathis, der ja keine Besucher hatte, merkte schnell, warum: Der Krankenhausfraß war ungenießbar. Dann allerdings sah Toni, was man mit einem Leidensgenossen machte. Man wollte auch ihm eine riesige Nadel vom Hals bis zum Lendenwirbel stecken, um ihn total ruhig zu stellen. Als er das schmerzverzerrte Gesicht seines Bettnachbarn sah, ergriff Toni die Flucht. Er wollte sich zu Hause behandeln lassen, also trat er in seinem alten Renault die Heimreise an, wo er nach 28 Stunden auch ankam: Dort sind sowohl das Auto als auch er zusammengebrochen.

Operation und die Besinnung

Von Prof. Weber am Spital in St. Gallen war bekannt, dass er als Einziger eine Bandscheiben-OP durchführte. Von ihm wollte sich Toni operieren lassen. Er war gut versichert, aber, wie sich herausstellte, reichte es nicht ganz, als Klassenpatient vom Professor operiert zu werden. Dieser teilte dem enttäuschten Patienten am Abend vor der Operation mit, dass der Oberarzt das auch gut machen würde. Toni war deprimiert, denn man sprach bereits von Folgeoperationen und Versteifungen. Die Voruntersuchungen hatten ergeben, dass die Bandscheibe schon ziemlich stark auf den Ischiasnerv gedrückt hatte. Er hätte also alles machen dürfen, nur nicht sportlich laufen. Und auch die zehn Sitzungen bei einem englischen Chiropraktiker waren höchstwahrscheinlich kontraproduktiv.
Toni wurde vom tschechischen Oberarzt in St. Gallen ohne Komplikationen operiert. Man versicherte ihm, dass er wieder Sport treiben könne, durch seinen Rücken aber immer eingeschränkt sein würde. Also befolgte er alle Anweisungen und trug so viel wie möglich dazu bei, wieder fit zu werden. Es wurde ihm klar, dass er seinem Körper zu viel zugemutet hatte. Aus-

brechen aus dem kleinen Leben, die Welt erobern, das war ihm vorgeschwebt und das wollte er erreichen, indem er versuchte, sich mit Sturheit und Kraft an die Spitze zu katapultieren. Doch jetzt, beim Aufbautraining, merkte er, dass nicht die Kraft, sondern das Gefühl für den Körper ausschlaggebend und deshalb auch zielführend war. Toni beobachtete aufmerksam die Arbeit der Therapeuten. Dabei verstand er nicht, dass Patienten aller Altersgruppen in gleicher Weise therapiert wurden, egal, ob sie 20 oder 70 Jahre alt waren. Er, der durchtrainierte Sportler, musste seine Übungen nach der gleichen Anzahl von Wiederholungen abbrechen wie der kurzatmige Herr mit ansehnlichem Bierbauch aus seinem Zimmer. Das konnte doch nicht die angemessene Behandlung sein. Eine Erkenntnis, die bei seiner späteren Arbeit eine wichtige Rolle spielte.

Marietta und Toni

Als Toni Mathis wieder einmal darüber nachdachte, wie sein weiterer Weg ausschauen sollte, lernte er seine Frau Marietta auf der Skipiste kennen. Sie, die bildhübsche Kosmetikerin aus Feldkirch, war mit einer Freundin zum Skilaufen gekommen. Es war keine Liebe auf den ersten Blick, eigentlich suchte sie nur die Gesellschaft des guten Skiläufers, der ihr auf der Piste aufgefallen war. Also sprach sie ihn auf dem Skilift an. Am Nachmittag fuhren sie gemeinsam Ski. So ganz ihr Typ war der kräftige junge Mann nicht, aber Marietta spürte instinktiv, dass er eine ganz besondere Ausstrahlung hatte, die sie faszinierte. Es hatten sich zwei gegensätzliche Menschen gefunden, die sich gegenseitig auf wundervolle Weise ergänzten. Sie wurde seine Frau, die fortan alle Höhen und Tiefen mit ihm durchschritt und sein oft aufregendes Leben teilte.

Zuerst machten sie sich selbstständig und übernahmen den Gasthof Schwefelbad in Hohenems. Nach der Geburt von Tochter Nicole erfüllte sich Marietta den Wunsch nach einem eigenen Kosmetiksalon in Feldkirch, während Toni das Gasthaus weiter betrieb. Dort angeschlossen war eine Abteilung mit Schwefelbädern und Massagen. Den Masseur kannte Toni seit Jahren und er wusste, dass er eine gute Hand für Wirbelsäulenprobleme hatte. Er schaute ihm zu, beobachtete, wann immer möglich, das Geschehen. Von ihm lernte Toni die ersten Massagegriffe. Das war der Moment, in dem sich der Gedanke in seinem Kopf festsetzte, nicht Sportler zu trainieren, sondern sich der Menschen anzunehmen, die Hilfe brauchten. Und so hatte er die Aufgabe gefunden, die sein Leben veränderte.

Damals war nicht abzusehen, in welch großem Ausmaß er die Lebensqualität vieler Menschen beeinflussen würde.
Marietta war ganz auf seiner Seite. Sie überzeugte ihn davon, dass er diese Ausbildung machen und sich ein eigenes Geschäft aufbauen sollte. Er würde es schaffen, da war sie überzeugt, und in der Zwischenzeit würde sie mit ihrem Kosmetiksalon für das Auskommen der Familie sorgen.
Voller Elan startete er in seine neue Berufung. Er gab das Schwefelbad auf und begann die Ausbildung zum Heilmasseur. Alles, was auf dem Gebiet der Heil- und Sportmassage und der Sporttherapie erlernbar war, eignete er sich in der Schule in Villach an. Im Massageinstitut Josef Thaler in Bludenz absolvierte er sein Praktikum und lernte, lernte, lernte. Sein Chef erkannte bald, dass er besonders begabte Hände und ein ungewöhnliches Gespür für Menschen hatte. Nicht umsonst rannten ihm die Leute die Bude ein und wollten von seinem „Lehrling" massiert werden. Auch an die Chiropraktik wagte sich Toni heran, aber auf Grund seiner schlechten Erfahrungen aus England wusste er, dass sie nicht für alle Patienten geeignet ist. Er wendet weichere, sanftere Griffe an, eine Art Chirogymnastik.

Die erste Praxis

Toni, überzeugt von seinen Fähigkeiten, eröffnete seine Praxis neben Mariettas Kosmetiksalon in Feldkirch. Da er sich zeitlebens nie mit dem Erreichten zufrieden gab, beschäftigte er sich bald mit Energetik und Akupressur- und Akupunktmassage, die er bei Willi Penzel in Deutschland erlernte. Dieser hat die Akupunktur mittels Stäbchen für Masseure zugänglich gemacht, da diese nicht nadeln dürfen. Ein revolutionärer Schritt, der zuerst belächelt, dann beschimpft wurde. Die Erfolge waren jedoch enorm und heute bekommt man die Akupunktmassage von jeder Krankenkasse bezahlt.
Eines Tages besuchte er auch den alten Mann, der in der ganzen Region wegen seiner Wunderheilungen bekannt war. Er fragte ihn, wie das mit dem Handauflegen sei, ob man das lernen könne und ob er, Mathis, der Richtige sei, um den Menschen zu helfen, wenn sie Rückenschmerzen haben. Der Alte sagte ihm, dass er die rechten Hände habe, dass er diesen vertrauen müsse und sich nicht beirren lassen solle von den Menschen, die ihm noch viel Steine in den Weg legen würden. Er solle seinen Weg gehen, das sei zwar ein ganz anderer als der seinige, aber beide wollten sie das Gleiche.

Toni war für sehr viele Dinge und Methoden Vorkämpfer. Er hatte seine Berufung gefunden. Meist erkannte er schon auf einen Blick, wo seine Patienten „der Schuh" drückte und wie er dieses Problem für und mit ihnen lösen konnte. Die Patienten kamen in Scharen. Vor allem Leistungssportler waren ihm für seine erfolgreiche Hilfe dankbar. Zu jener Zeit engagierte er sich beim Eishockey-Club Feldkirch, betreute aber auch Sportgrößen wie Weltmeister Heinz Kinigadner (Motocross), Bruno Pezzey und Kurt Jara (Fußball), damit sie nach Rücken- bzw. Knieverletzungen bei der WM einsatzfähig waren, oder Hanni Wenzel (Ski), die sechs Wochen nach Kreuzbandriss und Meniskusverletzung wieder bei einem Weltcuprennen am Start stand, leider jedoch nach zweitbester Zwischenzeit im viertletzten Tor einfädelte. In dieser Zeit entdeckte Toni die „Himmelsstiege" in Feldkirch, mit 187 Stufen das beste Trainingsgerät, um lädierte Knie wieder aufzubauen. Der Erfolg war phänomenal und auch heute noch lässt er seine Patienten, die nach Verletzungen aus aller Welt zum Aufbautraining zu ihm kommen, auf der Stiege trainieren.

Viele Anfeindungen

Leider war Toni Mathis mit seinen Methoden und Thesen meist allein auf weiter Flur. Besonders die Orthopädie und deren Chefarzt am Krankenhaus in Feldkirch bekämpften ihn heftig als „Kurpfuscher".
Die Presse berichtete immer öfter in großen Lettern über den Mann mit den goldenen Händen, seine ungewöhnlichen Methoden und die unglaublichen Erfolgsgeschichten. Das war vielen Ärzten und Kollegen ein Dorn im Auge. Schließlich kam eine Anzeige über die Vereinigung der Physiotherapeuten. Den Ärzten passte der Masseur einfach nicht ins Konzept, sie versuchten mit allen Mitteln, Toni etwas anzuhängen. Doch was Toni machte, funktionierte. Die Ärzte dachten, er mache etwas, was er wahrscheinlich nicht durfte, aber sie wussten nicht, was und wie.
Trotz aller Schwierigkeiten ließ sich Mathis nicht beirren. Er konzentrierte sich weiter auf seine Arbeit und gewann mehr und mehr das Vertrauen der Patienten. Marietta hielt ihm den Rücken frei. Sie glaubte unerschütterlich an das, was ihr Mann tat. Es war eine schwere Zeit.
Toni arbeitete in seiner Praxis und behandelte Patienten. Oft unentgeltlich. Er arbeitete wie ein Besessener. An den Wochenenden begleitete er meistens Sportler bei ihren Wettkämpfen. Doch Toni und Marietta zogen beide

konsequent am gleichen Strang. In der selbstsicheren Kosmetikerin hatte Toni die Frau gefunden, die ihn bedingungslos liebte, an ihn glaubte und unterstützte. „Die Beziehung ist ein Geschenk, man kann aneinander wachsen", sagt Marietta, „einmal zieht der eine mehr, ein anderes Mal der andere."

Erfolge stellen sich ein

Langsam begann sich das Blatt zu wenden. Tonis Behandlungserfolge sprachen sich unter den Sportlern herum. Fußball-Nationalspieler aus dem In- und Ausland, Eishockeyspieler, Leichtathleten, Skispringer und Langläufer, Motorrad- und Rennradfahrer, Ruderer, Fallschirmspringer, Kunstturner, Balletttänzer und noch andere – alle kamen und vertrauten auf Tonis Künste. Auch als der österreichische Vizekanzler Hannes Androsch mit starken Rückenschmerzen in Lech weilte, holte man Toni Mathis. Dieser erklärte ihm, was mit seinem Bewegungsapparat nicht stimmte, dass er aber die Probleme mit einer gezielten, umfassenden Behandlung, vorzugsweise in einer Fitnesswoche, loswerden würde. Androsch war von der Aussicht, bald schmerzfrei zu sein, sehr angetan, so dass er tatsächlich mit zwei Kollegen zu einer Fitnesswoche in Lech ins Hotel Angela anreiste. Natürlich bekam die Presse davon Wind und die Gegner wurden etwas kleinlauter, als es hieß, der Mathis hat die Rückenprobleme des Vizekanzlers gelöst und mit seinen Methoden Recht behalten. So war es auch bei Marc Girardelli, der allen Unkenrufen zum Trotz, er würde Sportkrüppel bleiben, dank Tonis Behandlung wieder den Ski-Weltcup gewann. Toni hat damals gelernt, dass man nicht gegen eine Wand drücken soll, wenn sich auf der anderen Seite zehn Leute dagegenstemmen. Man kann einen Schritt weg machen, dann fällt das Hindernis um und man selbst kann ohne weiteres seinen Weg verfolgen.

Auf der Suche nach neuen Heilmethoden

Zufrieden gab sich Toni mit seinem Erfolg nie. Wie ein Schwamm saugte er alles auf, was es an Möglichkeiten in der Therapie gab. Er lernte bei Chinesen und indianischen Schamanen, informierte sich über Schmerztherapie und schaute sich von diesen Meistern alles ab, was großes Heilpotential beinhaltete. Vor allem beobachtete er, wie diese Menschen mit den Patienten umgingen. Und aus all dem kreierte er seine eigene „Heil-Methode", eine Mischung aus Massage, Akupunktur, Chirogymnastik und Atemtechnik, abgerundet durch ein ausgewogenes Ernährungs- und Bewegungs-Programm.

Ende der 70er Jahre hörte er von Franz Beckenbauer, der damals bei Cosmos New York spielte, erstmals vom „Tapen" der Gelenke. Das war in Europa noch völliges Neuland. Also lud Beckenbauer Toni Mathis ein, nach New York zu kommen. Er würde ihn dann den drei besten Tapern der North American Soccer League (NASL) vorstellen, damit er diese Technik bei ihnen lernen könne. Spontan wie er war, ließ sich Toni nicht lange bitten. Ausgestattet mit dem Segen von Marietta, wenig Geld und noch weniger Englischkenntnissen flog er nach New York. Irgendwie fragte er sich durch bis zum Stadion in New Jersey, um dort zu erfahren, dass Franz Beckenbauer bei einem Auswärtsspiel in Denver weilte. Also marschierte er wieder zurück in die große Stadt und nahm sich ein günstiges Hotelzimmer am Broadway. Beim nächsten Anlauf klappte es und Beckenbauer war nicht wenig erstaunt, Toni plötzlich vor sich zu sehen. Er hielt jedoch Wort und so konnte Toni bei den drei Tape-Koriphäen der NASL lernen. Die haben damals schon die angeschlagenen Gelenke der Spieler damit verbunden und sie so wieder zum Laufen gebracht, oder auch vorbeugend, um Verletzungen zu vermeiden.
Noch eine weitere Herausforderung wartete auf Toni Mathis während dieser Reise. Der deutsche Fußballtrainer Weisweiler war gerade gestorben. Zu seinen Ehren wurde auf der Pferderennbahn in New Jersey ein Gala-Dinner abgehalten und Beckenbauer lud Toni dazu ein. Nachdem die Hürde, einen Anzug für ihn aufzutreiben, überwunden war, sah sich Toni beim Essen vor seiner nächsten Herausforderung: Auf seinem Teller lag ein Hummer, natürlich noch in Schale...

Die Krankenkasse und die Ärzte

Die meisten Ärzte waren Toni Mathis nicht sehr wohlgesinnt. Das ging so weit, dass Mitarbeiter der Krankenkassen bei seinen Patienten anriefen und fragten: „Was macht der Mathis eigentlich mit Ihnen?" Auf die Gegenfrage: „Warum fragen Sie mich nicht, wie es mir geht, wollen Sie das nicht wissen?", kam die Antwort, dass das nicht interessiere. Toni beendete dieses Spiel und hat ohne Krankenkassenverträge weitergearbeitet. Zu seinen

Patienten sagte er: „Ich gebe mein Bestes und habe meinen Preis, wenn Sie von der Kasse etwas rückerstattet bekommen, ist das fein. Wenn nicht, müssen Sie die Behandlung halt aus eigener Tasche bezahlen. Die Entscheidung liegt bei Ihnen."
Bei einer Sportärzte-Tagung in Vorarlberg wurden verärgerte Stimmen über Toni Mathis laut, weil er ein Interview gegeben hatte, in dem er die Erstversorgung von Verletzungen in Krankenhäusern kritisierte. Am Beispiel einer Kreuzbandverletzung beschrieb er: „Der Verletzte wird eingeliefert und muss kürzere oder längere Zeit warten. Leider kommt keiner auf die Idee, einen Eisbeutel auf das Knie zu legen, um eine Schwellung weitestgehend zu vermeiden. Jeder Masseur lernt, dass Regel Nr. 1 lautet, Eisbeutel auf frische Verletzungen zu legen. Weil das nicht getan wird, muss mit der OP oft zwei bis drei Tage gewartet werden, nämlich bis die Geschwulst abgeklungen ist, was wiederum den Heilungsprozess um ein bis zwei Wochen verzögert." Unerwartet bekam Toni Schützenhilfe von einem Arzt des Salzburger Instituts für Sportmedizin, der ihm absolut Recht gab, und auch von einigen jungen Medizinern in Vorarlberg wurde Toni schon zu einem frühen Zeitpunkt unterstützt. Umgekehrt hat Toni Mathis auch seine Patienten immer ehrlich behandelt. War er sich bei einer Problematik nicht sicher, helfen zu können, dann hat er den Patienten an einen Arzt verwiesen. Er hatte damals schon gute Kontakte zu den Unfallchirurgen Schenk und Häfele, und die wussten, dass die Geschichte wirklich ernst war, wenn Toni einen Patienten schickte.

Von der Formel 1 zur DTM

Durch die vielen Spitzensportler, die durch seine Hände gegangen waren und denen er dank der entsprechenden Betreuung zu einer raschen Genesung verhelfen konnte, wurde man auch in der Formel 1 auf ihn aufmerksam. Toni Mathis betreute in der so genannten „Königsdisziplin" die Rennfahrer Michele Alboreto, Keke Rosberg und Nigel Mansell, als er im Winter 1991 den AMG-Chef und heutigen ITR-Präsidenten Hans Werner Aufrecht nach einer Kreuzband-Operation behandelte. Im Sommer darauf rief H. W. Aufrecht Toni Mathis zu seinem Rennfahrer Kurt Thiim, der in der DTM-Meisterschaft führte. Thiim kämpfte mit einer Handverletzung, bei der sich trotz umfangreicher medizinischer Betreuung keine Besserung einstellen wollte. Tonis Behandlung war erfolgreich, sodass H. W. Aufrecht daraufhin seine gesamte medizinische Abteilung entließ und Toni einen interessanten Job anbot. Also wechselte er 1992 von der Formel 1 zur Deutschen-Tourenwagen-Meisterschaft und betreut seither ganzjährig das Team Mercedes AMG in Training, Therapie und Ernährung. Eine große Aufgabe, denn jedes Jahr hat es Toni mit den unterschiedlichsten Rennfahrer-Persönlichkeiten zu tun. Darüber hinaus ist der bekannte Mercedes-Sportchef Norbert Haug äußerst darauf bedacht, dass seine Rennfahrer topfit und bestens betreut sind. Aber darüber muss er sich bei Toni keine Gedanken machen: Mit dem damals jungen und ehrgeizigen Team-Manager Hans-Jürgen Mattheis und dem genialen jungen Konstrukteur Gerhard Unger hat sich ein äußerst erfolgreiches Team gebildet und das ist es, mit nicht weniger als elf Meistertiteln in den vergangenen 14 Jahren, auch geblieben!

Der Halt in der Familie

Wenn er auf sein Leben zurückblickt, dann ist Toni Mathis vor allem dankbar für seine großartige Familie. Sie hat stets zu ihm gehalten, auch wenn das nicht immer leicht war. Wie oft haben die Kinder Nicole und Tino sich in der Schule gehänselt gefühlt, wenn man sie nach dem „Wunderheiler" gefragt hat. Und wie sehr Marietta immer für ihn da war, auf vieles verzichtet hat, das kann er gar nicht beschreiben. Ohne seine Familie, da ist er sich sicher, wäre das alles nicht möglich gewesen. Sie ist, bei allem, was er erlebt hat, das Größte und Beste in seinem Leben.
Beide Kinder haben eine gute Ausbildung erhalten. Nicole lebt im Bayerischen Wald und betreibt mit ihrem Mann ein Reisebüro und Busunternehmen. Die Beziehung zu ihr und den beiden Enkelkindern ist sehr wichtig für Toni. Tino ist (freiwillig) in seine Fußstapfen getreten. Er ist Physiotherapeut, hat die Praxis in Feldkirch und von Toni die Methoden übernommen, auch wenn er eigene Wege geht und sucht. Toni redet ihm bei der Arbeit nicht drein, ist aber zur Stelle, wenn er gebraucht wird. Gemeinsam erkunden sie Neues auf dem Gebiet der Therapie und pflegen regen Gedankenaustausch.

Als Toni noch in Feldkirch neben seiner Praxis wohnte, kamen Patienten zu jeder Tages- und Nachtzeit. Mit fünfzig Jahren fühlte er sich ausgebrannt und innerlich erschöpft. Es war Zeit, sein Leben wieder einmal in eine etwas andere Richtung zu lenken. Er betreut weiterhin das Mercedes-AMG-Team mit 50 Leuten, wo vom Rennfahrer bis zum Mechaniker jeder mit seinen Problemen zu ihm kommen kann, bietet spezielle Fitness-Tage für Firmen an, drei bis vier Fitness-Wochen pro Jahr für seine inzwischen schon ziemlich große „Fitness-Familie", dazu kommen Vorträge und – wie könnte es anders sein – natürlich auch Behandlungen von Freunden und „alten" Patienten.

In seinem schönen Haus in Düns wohnt er „über den Dingen". Da kann er ausspannen, zu sich selbst finden und Körper, Geist und Seele wieder in die Mitte bringen. Er fährt Rad und Mountainbike, steigt auf die Berge, macht Yoga-Übungen und gönnt sich auch mal Ruhe.
Die Zeit, die ihm gegeben ist, möchte er sinnvoll nützen. Mit Menschen arbeiten, ein Miteinander aufbauen, sicht- und greifbare Erfolge bzw. Fortschritte erzielen, das ist ihm wichtig. Nicht um des Ruhmes willen, sondern aus einer inneren Berufung heraus.

Von links:
Ziehsohn Markus Rainer mit Jutta und Anton;
Carolin, das erste Enkelkind;
Marietta und Toni Mathis;
Sohn Tino und Tochter Nicole

*Von links:
Nicole und Familie;
Toni Mathis bei
der Gartenarbeit;
vier Generationen mit
Uroma Eugenie,
Tochter Nicole,
Marietta Mathis und
den beiden
Enkelkindern
Caroline und Philipp;
Toni mit Enkeln beim
Skifahren*

ROBECO
INVESTMENT FUNDS

vodafone
vodafone
DEKRA
2
ADAC
BILSTEIN
DEKRA
2
vodafone
Mobil 1
DUNLOP
BLAUPUNKT
DUNLOP
Mobil
AMG

Impressionen

„Toni Mathis,
Wegbegleiter vom Weinen
bis zum Lachen"

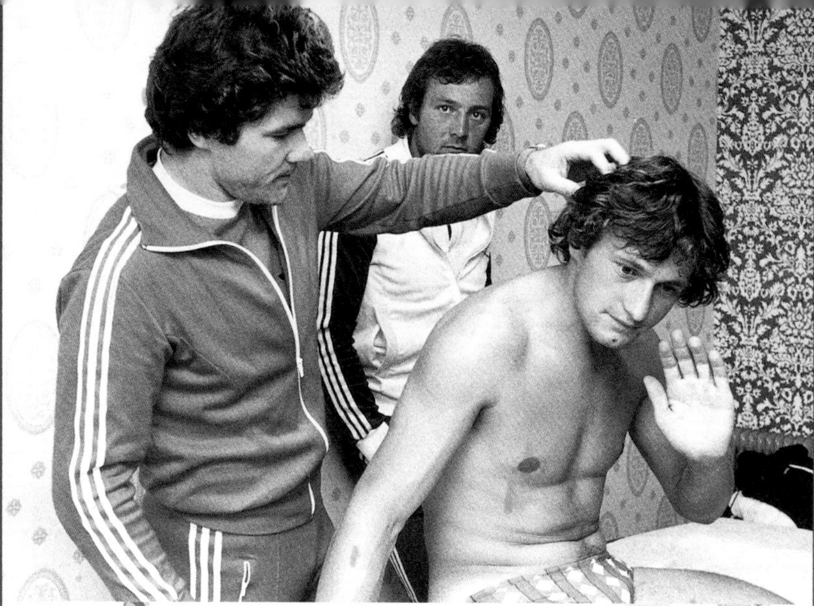

Kneissl
Kneissl
Kneissl
Kneissl
INTER SPORT
54
INTER SPORT
INTER SPORT
56
INTER SPORT
INTER SPORT
55

*Linke Seite, von oben:
Franz Klammer und
Werner Grissmann;
Mathis als Betreuer in
Obersdorf;
Marietta und Toni mit
den österreichischen
Skispringern
Oben: Bruno Pezzey
auf der Feldkircher
Himmelsstiege*

adidas

KÄSTLE
National Team
allsport
RIKA

TOP

*Links, von oben:
Hansi Hinterseer;
Andy Wenzel und
ID Prinzessin Nora von
Liechtenstein,
Olympische Spiele in
Sarajewo;
Auszeichnung zum
besten Masseur
Österreichs bei den
„Top 1000";
Unten: Fußballer
Kurt Jara*

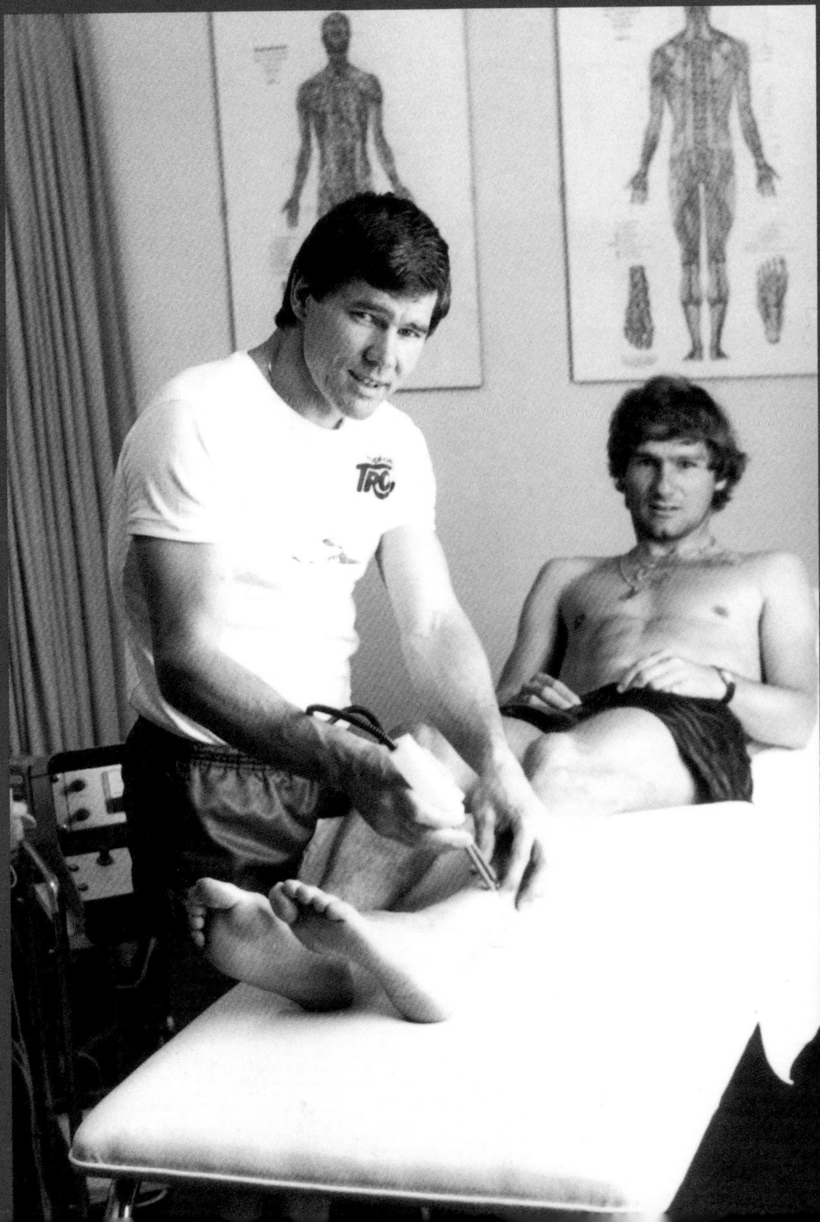

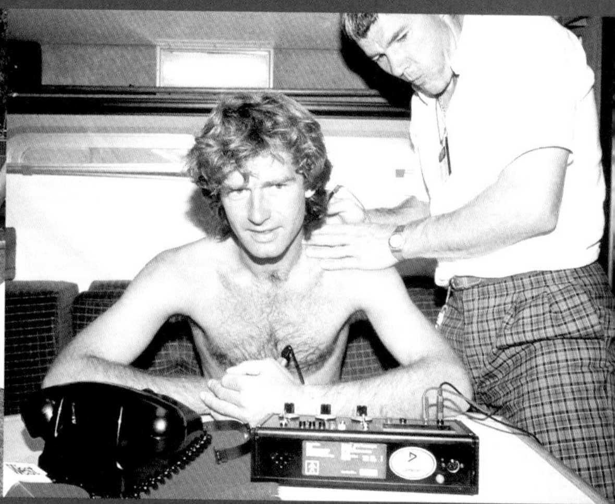

Von links dreimal Formel 1: Clay Regazzoni bei der Reha; Christian Danner; Jonny Herbert nach der Reha zurück im Formel-1-Boliden. Ganz rechts: Heinz Kinigadner, gerade Motocross-Weltmeister geworden

benetton
benetton

DUNLOP
Goldbacher Apfelwein
Moto
Cross
Roßdorf
25. 8. 85
VISIERE
KTM
KTM
ROXY
CHAMPION
7.-8. Sept.

6

Toni Mathis bei Franz Beckenbauer und einem Torwart-Kollegen von „Cosmos" in New York

Diners Club

Sergio Tacchini

*Links von oben:
Karl Alpiger und
Michele Alboreto;
mit Harti Weirather
am Start in Kitzbühel;
Mika Häkkinen
und Marc Giradelli
zur Behandlung in
Feldkirch.
Rechts: Tennis-
champion Thomas
Bischof*

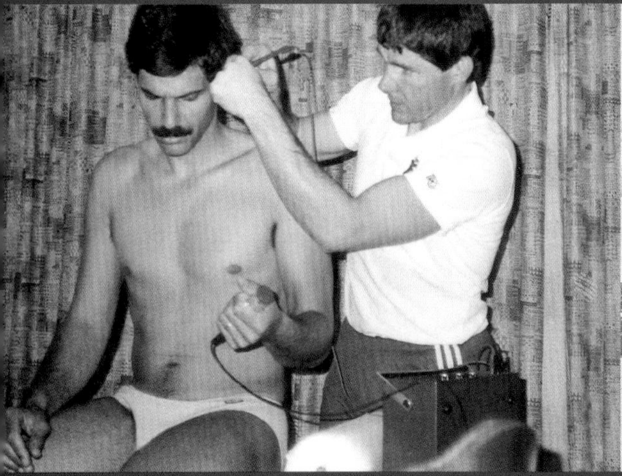

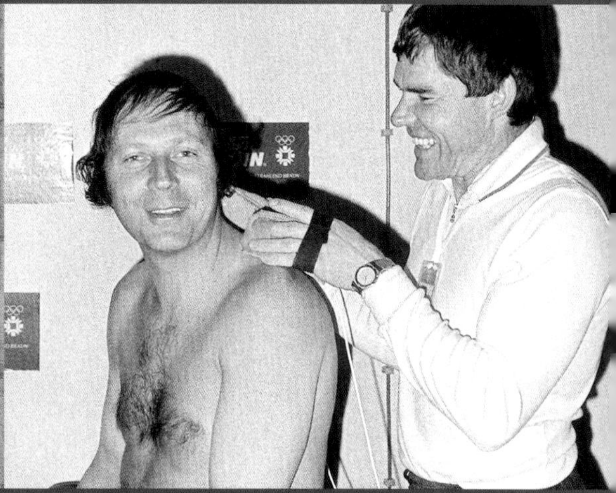

*Von links:
Schwimmlegende
Mark Spitz;
ORF-Reporter
Heinz Prüller;
Motocross-Weltmeister
Heinz Kinigadner;
Formel-1-Weltmeister
Nigel Mansell*

Canon
Labatt's
Canon
RENAULT
elf
Labatt's

Motivation auf dem Weg zum Start

GOODYEAR
Mobil 1
Mobil 1

Von oben: Mathis' erstes Buch „Dem Körper eine Chance" wird im Beisein von Andy Wenzel, Harry Valérien, Norbert Haug, Bernd Schneider, Alexander Wurz, Landesrat Siegi Stemer, Marcel Thiemann u.a. vorgestellt; AMG Teamchef Hans-Jürgen Mattheis, Domingos Piedade und Konstrukteur Gerhard Unger; Fahrer-Trainingslager auf Mallorca

*Von oben:
Bernd Schneider bei einem seiner 41 Siege mit Norbert Haug.
Auch das gibt es: Journalist Guido Stahlmann verpasst Mathis eine Zigarre nach einem Sieg der GT-Weltmeisterschaft in USA.*

Posieren für die Presse mit Bernd Schneider und Laurent Aiello

AMG
WARSTEINER

Mit den DTM-Fahrern, von links: Jamie Green; Jean Alesi und Marcel Fässler; große Freude bei Gary Paffett

Mercedes-Benz

Lebensnotwendige Gymnastik

AMG

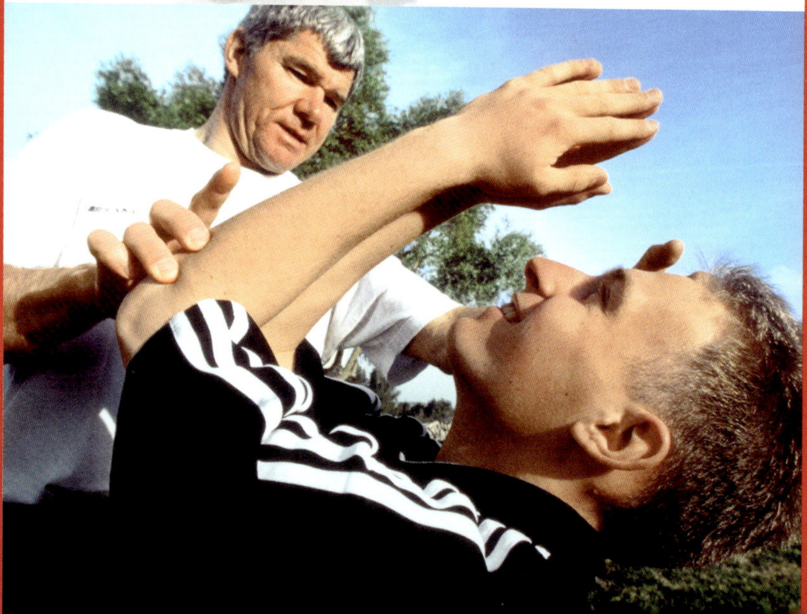

Trainingslager auf Mallorca mit abwechslungsreichem Programm

Oben: Die berühmte Europatreppe mit 4000 Stufen; rechts von oben: Harry Unflath und Hans-Jürgen Abt; Geburtstagsfeier auf dem Gipfel; Markus Rainer, Conny Dorn, Alexander Wurz, Marcel Thiemann, Pascal Frommelt

SIEMENS

Von links:
Anstoßen auf den Sieg mit Hans-Werner Aufrecht;
Klaus Ludwig, DTM-Meister 1992;
sich bekochen lassen von Jean Alesi;
Eröffnung der Europatreppe mit Landeshauptmann Sausgruber

Mercedes-Benz
Mobil 1

Mit seinen Vorträgen fasziniert Toni Mathis das Publikum.

Einstimmung

„Heil sein
heißt ganz sein"

Einstimmung

Insgeheim hat jeder Mensch den Wunsch, sich in seiner Mitte zu fühlen, „ganz" zu sein. Krank sein bedeutet, aus seiner Mitte herausgefallen zu sein. Dann stellt sich die Frage nach dem Warum. Warum tut mir der Rücken weh, weshalb schmerzt mein Knie? Manchmal muss uns etwas so lange wehtun, bis wir krank werden. Krankheiten und Schmerzen sind die Sprache des Körpers, um uns zu zeigen, dass wir zu weit gegangen sind, seine Grenzen überschritten haben. Spätestens dann können wir nicht mehr vor uns selbst flüchten, wird werden gezwungen, über uns nachzudenken. Stursein und Starrsinn bricht sich selbst. Das ist einer von Toni Mathis' Lieblingssätzen. Wenn man weiß, wie der heute so erfolgreiche Sporttherapeut als junger Mann beim Sport so lange Kopf und Kragen riskierte, bis sein Rücken dem Druck nicht mehr standhielt und er einen Bandscheibenvorfall erlitt, ahnt man, wie Recht er damit hat. Indem wir unser Bewusstsein schulen und uns gezielt bewegen, können wir aber wieder lernen, zu erkennen, was uns unser Körper sagen will. So lernen wir unseren Körper wieder neu kennen, lernen ihn wieder zu spüren und auf seine Zeichen zu achten.

Die Gesundheit braucht ein Navigationssystem. Toni Mathis' Anregungen sind ein solches Navigationssystem, damit wir im Alltag und im Berufsleben wieder besser, liebevoller und verantwortungsvoller mit uns umgehen. Es sind Hilfestellungen für das tägliche Leben, damit wir unseren Ausgleich in einem immer hektischeren Alltag wieder finden. Es sind Wegweiser, die uns den Pfad zurück zu unserer Mitte zeigen.

Der Körper ist unser Tempel, den wir sauber halten sollten. Wie wir das mit unserem Haus oder unserer Wohnung auch regelmäßig tun. Eine von Toni Mathis' Devisen heißt: „Ich möchte mich so lange wie möglich wohl fühlen in meinem Körper, möchte überall mithalten können. Inzwischen respektiere ich aber meine Grenzen."

Das Schlüsselwort heißt Disziplin. Eine konsequente Veränderung unseres Verhaltens beim Essen, beim Trinken und bei der Bewegung sowie der sorgsame Umgang mit uns selbst und unseren Mitmenschen führen uns auf direktem Weg zu einem ausgewogenen Lebensgefühl. Tonis Fitnesswochen sind wie ein Intensivlehrgang zum Wiedererlangen von Ausgewogenheit und Fitsein.

Was ich über Toni Mathis und seine Philosophie gehört und gelesen habe, klang fantastisch. Seine Vorträge sind packend und rüttelten den faulen Wohlstandsmenschen in mir tüchtig auf. Weil fühlen aber immer noch besser ist als nur hören, wollte ich das ausbalancierte Wohlgefühl am eigenen

Körper und Geist erleben. Zugegeben, etwas Bammel hatte ich schon. Die Woche würde kein gemütlicher Spaziergang werden. Im Gegenteil, es ist ein happiges Bewegungspäckchen, das der Sporttherapeut für seine Gäste geschnürt hat. Man muss schon etwas dafür tun, dass man seinen Körper wieder spüren lernt. Nicht weniger schwierig stellte ich mir den Verzicht auf meinen Espresso am Morgen vor. Denn wenn wir schon einmal dabei sind, wieder zu unserem Gleichgewicht zu finden, dann können wir uns auch gleich auf eine gesunde Ernährung in einem gesunden Maß konzentrieren. Das heißt im Klartext: fünf Tage lang keinen Kaffee, keinen Alkohol, kein Fleisch, keine Zigaretten. Dafür gesunde Vollwertkost, Kräutertee und literweise mit Sauerstoff angereichertes Wasser. Toni Mathis lässt keinen Bereich aus. Am besten ignoriert man nämlich auch den Fernseher im Hotelzimmer, lässt jegliche Zeitungen ungelesen links liegen und schaltet sein Handy aus. „Medienfasten" nennt Toni die totale Abkehr von jeglichem Weltgeschehen während dieser Tage.
Ich war gespannt, wie mir so viel Gesundheit in so kurzer Zeit bekommen würde. So viel sei vorweg verraten: Trotz Mühen und Strapazen – man fühlt sich am Ende tatsächlich wie ein neuer Mensch. Man schafft in dieser Woche Herausforderungen, die man nicht im Traum geglaubt hätte, je zu bestehen. Man wird von der Gruppe getragen, egal, ob man als Erster oder als Letzter den Berg hinaufkommt. Kurzum, nach den fünf Tagen hatte ich das Gefühl, ich könnte Bäume ausreißen.

GASCHURN, SONNTAG, 19.00 UHR

Das Grüppchen, das sich da im Vorarlberger Dorf Gaschurn im Sporthotel Silvretta Nova zum Abendessen eingefunden hat, ist bunt zusammengewürfelt. Aus Österreich, Deutschland und der Schweiz sind die 24 Frauen und Männer angereist, sogar aus Miami, USA ist ein Geschäftsmann eingeflogen. Alle wollen sie sich von Toni Mathis in den nächsten fünf Tagen wieder geistig und körperlich ins Lot bringen lassen.
Es herrscht eine lockere Stimmung, als Marietta Mathis uns begrüßt und auf die kommende Woche einstimmt. Die meisten hier sind „Wiederholungstäter", sie waren schon ein oder mehrere Male dabei, einige kennen sich auch bereits von früheren Wochen mit der Familie Mathis. Diese Fitnesswoche ist für sie wie der Jahresservice beim Auto. Ein körperlich-geistiger Jahres-Check sozusagen. Wie für das Ehepaar Cornelia und Thomas aus Deutschland, das bereits zum 17. Mal hier ist. Oder Maria und Leo

aus Österreich, die sich jedes Jahr darauf freuen, ihre beiden Buben ein paar Tage der Obhut der Großeltern zu überlassen und sich nur um sich selbst und um ihr Wohlbefinden zu kümmern. Obwohl Maria zugibt, dass sie eigentlich nur ihrem Mann zuliebe herkommt, fühlt sie sich hinterher immer sehr gut. Wir wenigen Neuzugänger sind sofort in die Gruppe integriert. Wir werden auch gleich in die Spielregeln eingeweiht. Egal ob Topmanager oder Hausfrau, hier spricht man sich von Anfang an mit dem Vornamen an. Berufliche Ränge und Titel interessieren hier keinen. Vielmehr werden Geschichten ausgetauscht, wie man Toni Mathis und seine Frau Marietta kennen gelernt hat, wie einem der Toni und sein Sohn Tino geholfen haben, nach körperlichen Blessuren und Krankheiten wieder auf die Beine zu kommen. Manch einen von ihnen mit Bandscheibenvorfall und Kniearthrose haben der „Mann mit den goldenen Händen", wie Toni oft genannt wird, und sein Sohn vor einer Operation bewahrt, wo Ärzte keinen anderen Ausweg mehr gesehen hatten.
Eines wird allerdings klar: Die fünf Tage werden ganz schön anstrengend werden. Aber dafür wartet auch eine schöne Belohnung: ein wacher Geist in einem neu erwachten Körper, in dem man sich wieder zu Hause fühlt.
Um 21.30 Uhr verlassen die Letzten den Speisesaal und begeben sich auf ihre Zimmer. Es empfiehlt sich, heute früh schlafen zu gehen. Morgen wird uns der Telefonweckdienst pünktlich um 6.00 Uhr unerbittlich wachrütteln. Um 6.30 Uhr treffen wir uns zur Meditation. Und das soll die ganze Woche über so bleiben.

Atmung – Wasser – Ernährung – Ausscheidung – Bewegung – Schlaf – Zuwendung

Wenn wir diesen sieben Stufen in unserem Leben die gebührende Beachtung schenken, kommen wir unserer inneren Balance schon ziemlich nah. Stellen Sie sich diese Meilensteine zum Wohlbefinden vor wie eine Reise über die sieben Weltmeere: Jeder Ozean hat seine eigenen Gesetzmäßigkeiten, denen wir uns anpassen müssen und von denen wir etwas lernen können.

Wir beginnen unsere Reise zurück zu unserer Mitte bei dem, was wir vom ersten Atemzug an ununterbrochen völlig selbstverständlich tun, ohne je einen Gedanken daran zu verschwenden: bei der Atmung.

Atmung

„Sauerstoff und Wasser
sind die wichtigsten Nahrungsmittel
für unseren Körper"

Atmung

Wer bereits so kurzatmig ist, dass ihm beim zügigen Treppensteigen schon nach 50 Stufen die Luft ausgeht, der wird auf einer Wanderung ganz selbstverständlich mit dem Sessellift den Berg hinauffahren und den Weg zurück ins Tal auf Schusters Rappen zurücklegen, was die Kniegelenke überhaupt nicht schätzen und entsprechend mit Schmerzen reagieren. Mal abgesehen davon, dass man zwar die schöne Landschaft genossen hat und wieder einmal draußen an der frischen Luft war, hat der Körper von einem solchen Ausflug in die Natur nicht profitiert. Manchmal wäre eben der unbequemere Weg der bessere. Hätte man nämlich seinen „inneren Schweinehund" überwunden und wäre den Berg zu Fuß hinaufgekraxelt, dann hätte der Körper jubeln können: Das Herz-Kreislauf-System und die Muskeln wären richtig schön trainiert worden. Und das Gefühl von Stolz, das man nach der erfolgreich bestandenen Herausforderung empfindet, gibt es gratis als Geschenk dazu. Macht man sich den einmaligen Ausflug zu Fuß in die Höhe zu einer regelmäßigen Gewohnheit, wird man erleben, wie die Ausdauer stetig zunimmt und man in absehbarer Zeit beim Treppensteigen nicht mehr nach Luft schnappen muss.

Nach dem Aufstehen sollte man sich erst einmal überlegen, was der Körper eigentlich braucht, bevor man schon hektisch aus dem Bett steigt, sich auf dem Weg unter die Dusche eilig den ersten Espresso runterspült und ohne Frühstück zur Busstation rennt. Was der Körper nach dem Aufwachen als Erstes dringend nötig hat, ist eine richtig große Portion Sauerstoff! Den bekommt er, wenn wir bewusst langsam und tief einatmen, und zwar durch die Nase! So, dass der aufgenommene Sauerstoff in jede einzelne Zelle gelangen kann. Stattdessen spüren wir gar nicht mehr, wie unruhig wir sind und wie wir deshalb mit offenem Mund schnell und hektisch ein- und ausatmen. Der Sauerstoff kommt auf diese Weise nie und nimmer in den Zellen an. Ihre Lebensdauer nimmt deshalb rapide ab. Stirbt eine größere Menge von Zellen, fällt ein Abfallprodukt, eine Art Asche, an, durch das sich der pH-Wert in den sauren Bereich verschiebt. Durch dieses falsche Atmen gerät unser Körper aus dem Gleichgewicht, der Sauerstoffmangel führt zu einer Übersäuerung des Organismus. Wir reagieren im wahrsten Sinne des Wortes „sauer"; wir sind schlecht gelaunt, fühlen uns müde und antriebslos, haben Mühe, uns zu konzentrieren. Nur eine ausgewogene Balance zwischen Säuren und Basen auf den Ebenen Luft, Flüssigkeit und Nahrung ist die Grundlage für eine stabile Gesundheit. Die Säure-Basen-Balance beruht wesentlich auf dem ständigen Gleichgewicht von Sauerstoff und

Kohlendioxid. Trotz seiner irreführenden Bezeichnung ist der Sauerstoff „alkalisch" oder „basisch", als „sauer" gilt hingegen das Kohlendioxid.

Es gibt also viele gute Gründe, warum wir als Allererstes wieder lernen müssen, richtig zu atmen. Deshalb: Mund zu, Nase auf! Fließt die Atemluft nämlich durch die Enge der Nase, entsteht im Bauchraum ein Sog, der den Blut- und Lymphkreislauf besser arbeiten lässt. Durch die Atembewegung wird auch der Gasaustausch in der Lunge angeregt. Dabei wird Sauerstoff aus der Atemluft aufgenommen und das im Gewebestoffwechsel entstandene Abfallprodukt Kohlendioxid wieder ausgeschieden. Das Blut transportiert den Sauerstoff als Energielieferant zu den Zellen und Muskeln und nimmt auf dem Rückweg das entstandene Kohlendioxid mit zur Lunge.

Beim Einatmen senkt sich das Zwerchfell, der Bauchraum wird zusammengezogen und der Brustkorb weitet sich. Dadurch entsteht ein Unterdruck und die Luft strömt in die Lunge. Wenn sich die Atemmuskulatur dann wieder entspannt, senkt sich der Brustkorb, das Herz wird wieder kleiner und die Luft wird ohne Anstrengung aus der Lunge herausgepresst, ohne dass wir bewusst etwas dazu tun. Ein regelmäßiges, rhythmisches Atmen, bei dem der ganze Körper mitschwingt, wirkt zudem wie eine sanfte innere Massage für die Muskulatur der Körperwände und regt gleich auch noch die Zirkulation und den Stoffwechsel in den Geweben an.

Unser Körper wird es uns also danken, wenn wir ihn über das richtige Atmen mit geschlossenem Mund wieder in ein gesundes Gleichgewicht bringen. „Das geht nicht, wenn ich mich anstrenge, bekomme ich durch die Nase zu wenig Luft, dann muss ich durch den Mund atmen!", höre ich schon den verzweifelten Einwand aller Kurzatmigen. Die Zweifler können beruhigt werden, die Nasenatmung funktioniert sehr wohl oder eben gerade bei Anstrengung, man muss nur sein Tempo entsprechend anpassen! Langsamer werden, heißt die Devise. Am Anfang mag es schwierig erscheinen, sich im Schneckentempo den Berg hinaufzuplagen, weil das Atmen schwer fällt. Schließlich möchte man ein flottes Tempo hinlegen, um sich und den anderen zu beweisen, was für ein toller Kerl man ist. Also legt man zügig los, atmet hektisch durch den Mund mit dem Resultat, dass man schon nach kurzer Zeit nach Luft japsend, mit hochrotem Kopf und schmerzenden Muskeln stehen bleiben muss. Der Körper lechzt nach Sauerstoff, den er nicht bekommt, die Säure im Organismus nimmt überhand, die Muskeln werden hart, so lange eben, bis der Körper HALT schreit und buchstäblich nichts mehr geht. Also, lassen wir unser Ego doch einfach mal bei-

seite und gehen die Sache ruhig und überlegt an: LANGSAM starten, mit geschlossenem Mund durch die Nase viel Sauerstoff in die Lunge einatmen und – jetzt darf der Mund geöffnet werden! – durch den Mund ganz viel Kohlendioxid wieder ausatmen. Auf den ersten Blick mag es paradox klingen, aber es funktioniert: Wenn wir stets mehr ausatmen, als wir einatmen, geraten wir nicht so leicht aus der Puste. Wer sich ganz auf diesen Rhythmus des Atems konzentriert und sein Tempo dementsprechend anpasst, auch wenn es anfangs langsam vorangeht, der riskiert auch keine Muskelkrämpfe. Ein Muskelkater ist im Grunde nichts weiter als eine akute Vergiftung aufgrund von mangelndem Sauerstoff, die Muskeln sind schlicht und einfach sauer. Dauert dieser Zustand länger an, bilden sich in den chronisch mangeldurchbluteten und überspannten Muskeln verhärtete Stellen, die sehr schmerzhaft sein können.
Halten wir uns bei Anstrengungen also besser an Toni Mathis' Empfehlung: Tempo drosseln, durch die Nase tief einatmen, durch den Mund wieder intensiv ausatmen. Um die Geschwindigkeit muss man sich dann übrigens keine Gedanken machen, schneller wird man mit der Zeit nämlich ganz von alleine!
Wer's noch nicht glauben mag: Beobachten Sie einmal einen Skirennläufer oder einen Formel-1-Piloten vor dem Start. Sie werden keinen erleben, der mit offenem Mund hektisch und oberflächlich atmet. Erfahrene Sportler haben ihren Atem-Rhythmus komplett verinnerlicht, sie sind mental aufs Äußerste konzentriert, aber körperlich völlig locker. Wenn dann der Startschuss fällt, agieren sie aus einer optimalen körperlichen Ausgangslage.
Können Sie sich noch erinnern, wann Sie sich das letzte Mal ruhig hingesetzt und mit geschlossenem Mund bewusst tief in den Bauch eingeatmet haben, gespürt haben, wie die Luft in die Lunge strömt, wie sich der Brustkorb weitet? Nein? Dann ist es höchste Zeit, es wieder zu erlernen und zu erleben! Toni Mathis bringt es uns in Gaschurn wieder bei.

GASCHURN, MONTAG, 6.00 UHR

Das Telefon holt mich mit einem eindringlichen, schrillen Ton aus dem Schlaf. Jetzt nur nicht noch einmal zurück unter die warme Decke, sonst schlafe ich gleich wieder ein. Freiwillig würde ich zu Hause nie und nimmer zu dieser nachtschlafenden Zeit aufstehen. Schnell mit der Zahnbürste über die Zähne gefahren, das Gesicht kurz gewaschen, in den Trainingsanzug und die Laufschuhe geschlüpft und auf geht's zum Meditieren. Um 6.30 Uhr wollen wir loslegen.

Im Konferenzraum des Hotels, der uns diese Woche als Zentrum für Meditation und Gymnastik dienen soll, trudeln langsam die Teilnehmer ein, ich bin nicht die Einzige mit verschlafenem Gesicht. Toni und Tino erwarten uns schon, die beiden wirken so früh am Morgen bewundernswert wach. Dabei sind die beiden erst am späteren Sonntagabend direkt vom DTM-Rennen aus dem holländischen Zandvoort angereist.

Das frühe Wecken soll keine Schikane sein, erklärt uns Toni, aber wir müssen die Zeit, die wir haben, nutzen. „Wir haben nie Zeit, also müssen wir sie uns nehmen!" Er trifft den Nagel wieder einmal auf den Kopf. Die wenige Zeit, die im hektischen Alltag übrig bleibt, setzen wir am allerwenigsten für uns selber ein. Lieber lenken wir uns permanent mit Nebensächlichkeiten ab, weil wir Angst haben, wir könnten langweilig und uninteressant sein. „Wir sind uns selbst zu wenig wert", wie Toni sagt.

An der Wand stehen knapp 20 Zentimeter hohe, zusammenklappbare Holzschemelchen für uns bereit. Die können wir uns unters Gesäß schieben, dann geht das Knien besser, weil man halb sitzt und halb kniet und die Waden dadurch entlastet sind. Sehr bequem sehen die Dinger trotzdem nicht aus. Das ist auch nicht die Absicht. Bequem ist das Hocken auf den Holzschemeln tatsächlich nicht, aber dafür schläft man darauf auch nicht so schnell ein. Säßen wir auf einem bequemen Stuhl, wären wir alle wohl schon längst wieder weggenickt, so müde, wie wir noch sind. In einer gemütlichen Ruhestellung würden wir automatisch weniger tief einatmen, folglich nähmen wir weniger Sauerstoff auf, die Zellen würden weniger gut versorgt, speziell das Gehirn, und so würden wir friedlich weiterschlummern.

Das unbequeme Verharren auf dem Holzhocker lässt uns keine Wahl: Wir müssen bewusst atmen. Dadurch ziehen wir die Luft automatisch tiefer in die Lunge, die Zellen bekommen mehr Sauerstoff und wir bleiben mehr oder weniger wach.

Toni ist bei tibetischen Mönchen auf das „Demutsschemelchen" gestoßen und hat es für seine Bedürfnisse herstellen lassen. In Demut dasitzen, das ist ein Teil der Übung. Auch wenn es zuweilen in den Beinen zwackt. Geschehen lassen, alles akzeptieren, uns disziplinieren. Die Demut lehrt uns, unser übergroßes Ego für eine Weile auszuschalten und hinten anstehen zu lassen. Wir sollen weich werden und uns dem Moment überlassen.
In die Stille hinein ertönt Tonis sonore Stimme; er hält uns an, die Zunge an den Gaumen zu drücken und fünf Minuten einfach das zu spüren, woran wir normalerweise keinen Gedanken verschwenden, weil wir gar nicht mehr wahrnehmen, dass wir es automatisch ununterbrochen tun. Eigentlich ist dies nur ein Trick, damit wir uns konzentrieren. Durch diese simple Übung wird mir augenblicklich klar, wie unruhig ich atme, wie müde und nervös ich bin. Einfach nur ruhig so halb sitzend, halb kniend verharren und sich auf seinen Atem-Rhythmus konzentrieren ist leichter gesagt als getan. Kaum schließe ich die Augen, beginnt der Kopf zu arbeiten. „Konzentriere dich nur auf deinen Atem", versuche ich den unruhigen Geist zu beruhigen, während der Kopf mir die schönsten Bilder von meinem warmen Bett liefert. Immer wieder schweifen meine Gedanken ab. Ist zu Hause auch alles in Ordnung? Wie würde ich die anstrengenden Wanderungen durchhalten? Es braucht einige Übung, einfach nur in sich selbst hineinzuhören.
Die erste Atemübung steht an: Wir sollen im Dreier-Rhythmus einatmen, kurz die Luft anhalten und im gleichen Rhythmus wieder ausatmen. Hört sich einfach an. Ist es aber nicht. Konzentriert beginne ich im Geist langsam bis drei zu zählen und jedes Mal etwas mehr Luft in die Lunge zu pumpen und die Luft auf die gleiche Weise wieder auszuatmen. Spätestens beim dritten Mal gerate ich beim Ausatmen aus dem Takt. Es dauert eine ganze Weile, bis ich den Dreier-Atem-Rhythmus einigermaßen gleichmäßig hinkriege. Mir wird klar, wie wichtig das Ausatmen ist. Als Nächstes sollen wir erfahren, wie es sich anfühlt, wenn wir nur über eine Nasenhälfte einatmen. Also halten wir erst mit der rechten Hand den linken Nasenflügel und anschließend mit der linken Hand den rechten zu und versuchen so, unsere Lungen mit Sauerstoff zu füllen. Als ich hinterher wieder über beide Nasenflügel atmen darf, wird mir bewusst, was für ein befreiendes Gefühl es ist, richtig tief durchatmen zu können!
Die beiden Atemübungen werden wir in den folgenden Morgen-Meditations-Sitzungen weiter üben. Ich werde erstaunt erkennen, wie meine Atmung mit jedem Tag ruhiger wird, ich werde spüren, wie ich mehr Reserven habe und nicht mehr so schnell in Atemnot gerate.

Als uns Toni nach 30 Minuten mit ruhiger Stimme auffordert, aufzustehen und uns zum Kräutertee in die Hotellobby schickt, merke ich, dass ich trotz der Atemübungen wirklich total in mich versunken gewesen war und meine Umgebung gar nicht mehr bewusst wahrgenommen habe. In mir ist eine totale Ruhe. Etwas verwundert stelle ich fest, wie ich dieses Gefühl genieße. Was immer werden wird, die Woche fängt gut an.

Wasser

„Das Lebenselixir Nr. 1"

Wasser

Stellen wir uns also vor, Sie sind den Berg hinaufgeklettert, haben Ihren Körper über die Atmung optimal mit Sauerstoff versorgt und kommen glücklich oben auf dem Gipfel an. Was, denken Sie, braucht der Körper jetzt am dringendsten? Richtig: Wasser! Wenn Sie Glück haben, ist auf dem Gipfel ein Brunnen mit reinem, frischem Bergquellwasser. Dieses Quellwasser ist lebendiges Wasser, von der Natur mit natürlichem Sauerstoff angereichert, noch ohne jegliche Belastung von Schadstoffen und es schmeckt einfach herrlich.

Ohne Nahrung können wir einige Wochen auskommen, ohne Wasser nur wenige Tage. Müdigkeit, Konzentrationsschwäche und auch Kopf- und Rückenschmerzen können daher rühren, dass wir zu wenig Wasser trinken. Wir trocknen regelrecht innerlich aus! Der 2004 verstorbene iranische Wasserarzt Dr. Fereydoon Batmanghelidj nannte sein Buch über die heilende Kraft des Wassers provokativ: „Sie sind nicht krank, Sie sind durstig!". Den Titel des Buches meinte der Arzt wörtlich, denn seiner Meinung nach soll allein das Trinken von genügend Wasser viele Krankheitssymptome zum Verschwinden bringen. Auch westliche Mediziner und Ernährungsberater fordern ihre Patienten inzwischen regelmäßig dazu auf, mehr zu trinken, um den Körper ausreichend mit Flüssigkeit zu versorgen. Wasser zu trinken ist so wichtig, dass unser Körper nicht mehr richtig funktionieren kann, wenn er nicht genügend davon hat. Denn auch Verspannungen der Muskulatur, Allergien und rheumatische Erkrankungen sollen durch eine ausreichende Trinkmenge positiv beeinflusst werden können.

Etwa 70 Prozent der Erdoberfläche sind mit Wasser bedeckt, genauso viel beträgt der Wasseranteil unseres Körpers, im Gehirn ist der Anteil sogar 90 Prozent. Der Rest unserer Hülle setzt sich hauptsächlich aus Eiweiß, Fett, Mineralstoffen, Spurenelementen und Vitaminen zusammen. Wasser versorgt jede Zelle unseres Körpers mit Flüssigkeit und unterstützt die Stoffwechselprozesse. Wir sollten es uns also wert sein, genügend zu trinken. Mindestens zwei Liter pro Tag würden unserem Körper gut tun, um die gesundheitliche Balance zu halten. Mal ehrlich, gönnen Sie sich so viel? Vergleichen Sie einmal die Menge Wasser, die Sie täglich für Ihre äußere Hygiene brauchen, mit der Menge, die Sie trinken. Mit den wenigen Gläsern Wasser, die Sie Ihrem Körperinneren verabreichen, könnten Sie wahrscheinlich knapp Gesicht und Hände waschen, stimmt's? Wie können Sie denn glauben, dass das Bisschen des durchsichtigen Saftes, das Sie trinken, für die Versorgung der ganzen Innenfläche Ihres Körpers genügen soll? Bier, Limonaden und Kaffee zählen nämlich nicht, sie sind kein Ersatz für

Wasser. Im Restaurant wurde früher zum Kaffee immerhin noch ein großes Glas Wasser serviert. „Heute ist der Kaffee wesentlich größer als das Glas Wasser, sofern es überhaupt eines gibt", bemerkt Toni Mathis dazu. Auch alkoholische Getränke können das reine Nass nicht ersetzen, sie trocknen den Körper im Gegenteil eher aus. Sich mit diesen Flüssigkeiten sauber halten zu wollen, käme Ihnen doch wohl kaum in den Sinn, nicht wahr? Und wenn Sie nun glauben, Sie können Ihren inneren Wasserbedarf mit Sprudelwasser decken, muss ich Sie enttäuschen. „Weil unser Wasser nach nichts mehr schmeckt, setzen wir ihm das Gas Kohlensäure zu, dann sprudelt es wenigstens beim Einschenken und prickelt im Mund. Aber der Körper verträgt dieses zusätzliche Gas nicht!", erklärt Toni Mathis. Ein Selbstversuch zeigt es sehr schnell: seinen Durst nach einer Anstrengung mit kohlensäurehaltigem Mineralwasser löschen zu wollen, funktioniert schlicht nicht. Nur in kleinsten Schlucken würge ich es hinunter, mir wird schlecht. Würde Toni Mathis den von ihm gecoachten Spitzensportlern nach einer körperlichen Spitzenleistung solches Wasser verabreichen, würden sie es auf der Stelle wieder erbrechen. Sicher, im Mineralwasser überlebt keine Bakterie und so lässt es sich problemlos über längere Zeit in der Plastikflasche konservieren, aber Kohlensäure ist ein Gas, das vom Körper irgendwie wieder abgebaut werden muss und der Gesundheit nicht zuträglich ist. Es lagert sich in unseren Gefäßwänden ab und trägt dazu bei, dass sie verhärten, und es fördert die Bildung von Nierensteinen. Wollen wir uns das wirklich antun? Toni Mathis lässt die Menschen gerne selbst erfahren, was ihnen gut tut. Manchmal benutzt er dazu die „Holzhammermethode", aber sie ist eindrücklich: „Lassen Sie Mineralwasser einmal eine Zeitlang stehen und verquirlen Sie es danach mit dem Mixer. Testen Sie es selbst, das Wasser schmeckt schauderhaft, Sie trinken keinen Schluck mehr!" Bevor Sie in Plastikflaschen abgefülltes Wasser und Sprudelwasser konsumieren, ist es immer noch besser, Sie drehen den Wasserhahn auf und trinken Leitungswasser. Wir im deutschsprachigen Raum haben das Glück, dass wir dieses Wasser meist mehr oder weniger bedenkenlos zu uns nehmen können, auch wenn es auf seinem kilometerlangen Weg durch die Leitungsrohre minimale Mengen von Schwermetallen und Schadstoffen aufnehmen kann. Dieses Wasser ist zwar belastet, aber strenge Auflagen in den Wiederaufbereitungsanlagen und Qualitätskontrollen verhindern, dass das Trinkwasser unserer Gesundheit schaden kann. Leitungswasser ist keine optimale Wasserversorgung. Aber für den ausreichenden Flüssigkeitshaushalt in unserem Körper ist es immer noch besser als gar kein Wasser!

Das beste Wasser für uns wäre „lebendes" Wasser, so wie es reines, frisches Quellwasser ist, das noch alle Informationen aus der Natur gespeichert hat und voll von reinem Sauerstoff ist. Wasser, das lebt! Haben Sie schon einmal Fotografien von Wassertropfen gesehen? Der japanische Wasserforscher Dr. Masaru Emoto hat gefrorene Wassertropfen unter dem Mikroskop fotografiert und Faszinierendes entdeckt: Wassertropfen von gesundem, mit positiven Botschaften versehenem Wasser bilden wunderschöne, sechseckige Kristallstrukturen, jede ist einzigartig, keine gleicht der anderen. Wassertropfen von belastetem, mit negativen Botschaften behaftetem Wasser bilden keine Kristallstrukturen, unter dem Mikroskop formen sie sich lediglich zu hässlichen, verzerrten Gebilden. Wasser kann Informationen speichern und weitergeben, es ist ein Träger von Energien und scheint sämtliche elektromagnetischen Schwingungen aufzunehmen. Dass Wasser nicht einfach eine farb- und leblose Masse ist, kann man wunderschön bei einem Regenbogen beobachten, wenn die Spektralfarben Rot, Orange, Gelb, Grün, Blau und Violett des Sonnenlichts durch die zum Himmel steigenden Wassertröpfchen gebrochen werden und sich das Spektakel dem Auge in seiner ganzen halbrunden Farbenpracht präsentiert.

In seinem Bestreben, für „seine" Sportler das Beste zu finden, was die Natur zu bieten hat, um ihren Körper für Spitzenleistungen fit zu machen, hat sich Toni Mathis konsequenterweise auch auf die Suche nach solchem „guten" Wasser gemacht. Dabei ist er auf das Energiewasser der Firma Kibernetik AG[1] gestoßen. Die Firma hat ein System entwickelt, durch das lebloses Leitungswasser wieder in lebendiges, sauerstoffreiches Wasser umgewandelt werden kann. Dabei werden die Verbindungen der Wassermoleküle untereinander, die so genannten Cluster, aufgerissen und über hunderte kleiner Düsen mit Sauerstoff angereichert. Im Anschluss daran fließt das mit Sauerstoff angereicherte Wasser über Bergkristall und Rosenquarz, wobei es die positiven Informationen der Steine speichert. Im Zeitalter der Computersprache kann man den Vorgang vereinfacht auch so ausdrücken: Die alten, „ungesunden" Informationen in den Wassermolekülen des Leitungswassers werden gelöscht und neue, „gesunde" Informationen darin abgespeichert. Das System ist der Natur abgeschaut. Der österreichische Förster Viktor Schauberger (1885–1958) hat sich schon vor hundert Jahren intensiv mit den Geheimnissen des Wassers beschäftigt und das Prinzip der Sauerstoffaufnahme über die Verwirbelung entdeckt, wie es in den natürlichen Fluss- und Bachläufen geschieht.

[1] www.kibernetik.ch

Wer an einem Wildbach oder einem Wasserfall vorbeiwandert, kann beobachten, wie sich das fließende Wasser durch seine ungestüme Bewegung wie ein Nebel in der Luft verwirbelt. Bei dieser Verwirbelung laden sich die Wassermoleküle mit dem Sauerstoff in der Luft auf. Ähnlich wie ein Schwamm saugen sich die Moleküle mit dem Sauerstoff voll. Man spürt förmlich, wie man sich durch die Energie des sauerstoffreichen Wassernebels gleich selbst besser fühlt, sozusagen energetisch aufgeladen wird. Wer je Wasser aus einem solchen Gewässer gekostet hat, weiß, wie herrlich erfrischend und lebendig es schmeckt. Da wird einem der Unterschied zum schalen Leitungswasser und dem geschmacklosen Wasser aus der PET-Flasche erst so richtig bewusst. Nun kann man üblicherweise in seiner Küche natürlich weder von einem Wasserfall noch von einer reinen Quelle schöpfen. Aber mit dem mit Sauerstoff angereicherten Wasser, wie es Toni Mathis seinen Sportlern und Seminarteilnehmern mit dem „Kibernetik"-Energiewasser zugänglich macht, kann man sich diese Quelle des Lebens ins Haus holen und täglich davon profitieren. Das Wasser ist zudem so weich und schmackhaft, dass man ganz automatisch mehr davon trinkt, als man es sonst gewohnt ist.
In der Fitnesswoche in Gaschurn steht immer eine Anzahl Krüge voll Energiewasser zum Durstlöschen bereit. Auffallend ist, wie oft sie nachgefüllt werden müssen. Kaum stehen sie auf den Tischen, sind sie schon wieder leer getrunken. Ich beobachte erstaunt, wie ich Glas um Glas fülle und es genüsslich trinke. Zu Hause gehöre ich zu der Gruppe von Frauen, die sich eher zum Wassertrinken zwingen müssen. Wie gut mir das viele Wassertrinken in dieser Woche tut, zeigt sich schon nach dem zweiten Tag: Ich fühle mich frisch und kraftvoll, die Verdauung funktioniert reibungslos, der Urin ist hell und geruchlos und meine Haut schimmert prall und rosig. Ich nehme mir fest vor, meinen Wasserkonsum daheim drastisch zu erhöhen!
Beim Energiewasser ist jedes einzelne Wassermolekül mit Sauerstoff aufgeladen, beim im Handel gekauften „Mineralwasser" wird dem Wasser der natürliche Sauerstoff entzogen, damit es in der Plastikflasche länger haltbar bleibt. Beim Sprudelwasser presst man ins sauerstofflose, leblose Wasser noch das Gas Kohlendioxid, das sich im Wasser zu Kohlensäure löst, hinein, damit es im Glas so schön prickelt. Klingelt es Ihnen beim Begriff „Kohlendioxid" in den Ohren? Genau: Kohlendioxid ist das giftige Abfallprodukt unseres Stoffwechsels, das wir nach dem Gasaustausch in der Lunge wieder ausatmen! Jetzt wird auch verständlich, warum dieses Wasser nach

einer Anstrengung vom Körper schlecht vertragen wird. Was bei sauerstoffarmem Wasser passiert, das nicht mittels Kohlendioxid konserviert und in Flaschen abgefüllt wird, können wir zum Beispiel bei brackigem Wasser sehen: Gewässer, die keinen oder kaum Sauerstoff enthalten, „kippen", Leben ist keines mehr möglich. Fische sterben, Pflanzen vermodern, das Wasser ist tot. Dasselbe beobachten wir bei einem Aquarium. Ohne Prelator, der dem Wasser kontinuierlich Sauerstoff zuführt, können weder Fische noch Pflanzen lange überleben.

Welches Trinkwasser jemand seinem Körper zumuten will, muss schlussendlich jeder für sich selbst entscheiden. Fakt aber bleibt, dass wir ausreichend Wasser trinken sollten, damit unsere Zellen ausreichend versorgt sind und Stoffwechselabfälle aus dem Köper ausgeschwemmt werden können. Ansonsten verwandeln wir uns langsam, aber stetig in eine Art wandelnde Mülldeponie. Die nicht ausgeschwemmten Stoffe lagern sich im Gefäßsystem ab; die verhasste Cellulite, Schwellungen, Verengungen der Herzkranzgefäße und die gefürchtete Arterienverkalkung können die gefährlichen Folgen davon sein.

Auch auf den Zustand unseres kostbaren Körpersaftes, das Blut, hat eine ausreichende Trinkmenge einen entscheidenden Einfluss. Trinken wir genug reines Wasser, wird die Mikrozirkulation des „ganz besonderen Saftes", wie schon Johann Wolfgang von Goethe das Blut einst beschrieben hat, angeregt und der Sauerstoffgehalt darin steigt. Wassermangel hingegen zieht automatisch Sauerstoffmangel im Stoffwechsel nach sich. Sauerstoffmangel verdickt das Blut und führt zu Störungen im Stoffwechsel. Trinken wir nun natürliches Sauerstoffwasser, schlagen wir quasi zwei Fliegen mit einer Klappe: Das Blutbild wird durch die Flüssigkeits- und die Sauerstoffzufuhr messbar verbessert, das dünnflüssige Blut kann vom Herzen besser durch das Gefäßsystem gepumpt werden.

Vor allem ältere Menschen trinken in der Regel viel zu wenig Wasser, oft lässt das Durstgefühl im Alter drastisch nach. Dabei sollten wir gerade, wenn wir älter werden, vermehrt trinken, weil wir mit den Jahren gewissermaßen austrocknen. Trinken ältere Leute markant zu wenig, kann der Wassermangel dazu führen, dass die Nieren nicht mehr richtig funktionieren, es kommt zu Verstopfung, Kreislaufstörungen, Müdigkeit und Konzentrationsschwierigkeiten bis hin zur Verwirrung. Oft verschwinden diese Zustände, wenn wieder regelmäßig genug Wasser zugeführt wird. Wobei gerade bei geschwächten Menschen die Qualität des Trinkwassers eine

entscheidende Rolle spielt. Auch die ungeliebten Falten, ein untrügliches Zeichen des Älterwerdens und nicht zu verwechseln mit den charmanten Lachfältchen um die Augen, sind zu einem großen Teil auf eine ungenügende Wasser- und Sauerstoffversorgung zurückzuführen! Gutes Wasser ist auch die beste Kosmetik von innen. Die Haut ist bekanntlich unser größtes Organ. Versorgen wir es von innen ausreichend mit Wasser und Sauerstoff, wirkt sich das auf den Teint aus wie eine Anti-Aging-Creme von innen. Der Teint ist besser durchblutet und feine Fältchen können sich glätten.
Es gibt also genügend Gründe, für eine ausreichende Wasserzufuhr mit qualitativ gutem Wasser zu sorgen. Zur Erinnerung: mindestens zwei Liter möglichst „gesundes" Wasser sollten Sie sich täglich wert sein!

Ernährung

„Leider essen wir nicht
was der Körper braucht,
sondern was dem
Gaumen schmeckt"

Ernährung

Der Mensch lebt nicht nur von Sauerstoff und Wasser allein, auch die richtige Nahrung ist ein wichtiger Bestandteil für ein ausgewogenes Wohlgefühl und eine weitere wichtige Stufe auf unserer Reise zurück zur inneren Balance. Auch hier hat sich der westliche Mensch oft bereits komplett aus seiner Mitte herausbewegt.

Der Gesundheits-Experte Toni Mathis greift schon mal zu drastischen Maßnahmen, um gestressten Managern aufzuzeigen, welche Menge an Nahrung und Genussmitteln sie ihrem Körper jeden Tag aufs Neue zumuten: Hemmungslos füllt Toni in den Mixer, was der Mensch an einem Tag so zu sich nimmt: Spiegeleier mit Speck, Brötchen, Wurst, Käse und Marmelade vom Frühstück, Steak mit Pommes vom Mittagessen, das Eis vom Nachtisch und die Portion Spaghetti vom Abendessen. Als wäre das noch nicht genug, kommen jetzt auch noch Kaffee, Bier, Wein und Schnaps hinzu und als krönender Abschluss noch ein paar Zigaretten, weil manch einer ja nicht auf sein tägliches Quantum Nikotin verzichten mag. Auf Einschalten gedrückt, beginnt der Mixer mit seiner Arbeit. Die Brühe, die entsteht, ist für Augen und Nase eine Beleidigung und dreht manch einem den Magen um.

Die falsche Ernährung fängt schon beim Frühstück an. Früchte sind grundsätzlich gesund. Aber keinem vernünftigen Menschen käme es im Traum in den Sinn, nach dem Aufstehen gleich fünf ganze Orangen auf nüchternen Magen zu essen. Aber in Form eines großen Glases frisch gepressten Orangensaftes, direkt aus dem Kühlschrank, damit er auch schön kalt ist, wird diese Anzahl dem Magen anscheinend bedenkenlos zugemutet. Die Zunge reagiert als Erste, sie schmeckt die kommende Flut von Säure, wir verziehen das Gesicht, die Zellen schalten auf Abwehr und verschließen sich; sie wissen, dass ihnen ein solcher Säureüberschuss nicht gut bekommt. Der Mensch aber verschließt die Augen vor den Körpersignalen und schluckt den Saft tapfer. Schließlich wird uns oft genug gesagt, wie gesund frischer Obstsaft ist. Mag ja auch so sein. Aber nicht in dieser Menge und sicherlich nicht am Morgen eiskalt auf nüchternen Magen. Ein kleines Glas reicht, und wenn es nicht zu kalt ist, schmeckt man auch, was man trinkt.

Noch besser kommt's bei All-Inclusive-Ferien, da bucht man den Durchfall praktisch gleich mit. Die meterlangen Buffets mit all den leckeren Speisen und Getränken sehen ja auch verführerisch aus. Und viel Gesundes ist da obendrein zu haben. Zum Beispiel die Krüge mit den vielen exotischen Fruchtsäften. Trinkt man daheim ein Glas Orangensaft, sind es im Urlaub auf den ganzen Tag verteilt vielleicht zwei Liter, weil man doch am besten gleich von jedem der leckeren Säfte ein kleines Glas probiert und sich im Lauf des Tages am Pool und an der Bar noch ein paar bunte Fruchtcocktails gönnt, gemischt mit viel Alkohol. Zu Hause würde man nach den Fruchtsäften – ohne Alkohol, versteht sich – keinen Bissen mehr runterkriegen, und als Saftkur wäre die Menge auch in Ordnung. Aber im Urlaub funktioniert das nicht. Obwohl der Körper mit der Menge Saft längstens versorgt wäre, langt der Mensch jetzt auch noch bei den Speisen kräftig zu. Das kann nicht gut gehen. Kommt hinzu, dass die vielen Nahrungsmittel auf den Buffets oft nicht frisch gekocht, sondern mehrfach aufgewärmt aufgetischt werden. Diese Vielfalt und die Masse von Getränken und Essen sind für den Körper schlicht zu viel. Also reagiert der überforderte Magen auf seine Weise, er rebelliert. Dem Menschen wird schlecht, er muss sich übergeben und er liegt für die nächsten zwei Tage erst einmal mit leichtem Fieber im Hotelzimmer. Der verantwortliche Übeltäter für die verpatzten Urlaubstage ist in einem solchen Fall keine böse, krank machende Bakterie im Essen oder ein unbekanntes Virus. Das Virus hat einen Namen, es heißt Maßlosigkeit. Tonis Kommentar zu dieser ungesunden Völlerei ist klar: „Wenn man alle diese Dinge für die Schweine zusammenmixt, dann kommt einem das große Grausen. Wobei das Schwein den Vorteil hat, dass ihm kein Wein und kein Cognac dazu verfuttert werden, weil ihm das nicht bekommt!"

Dabei könnte der Tag so leicht beginnen: eine Scheibe getoastetes Vollkornbrot mit Olivenöl, mit Wasser angemachtes Müsli, frisches Obst, Kräutertee und frisches Wasser – viel mehr braucht der Körper nicht, um in die Gänge zu kommen. Brot, gebacken aus natürlichem Getreide und ohne Konservierungsstoffe, steckt voller Energie. Dinkel- und Vollkornbrot besitzen praktisch alle Elemente, die für das Wachstum und eine optimale Ernährung wichtig sind. Auch Roggenbrot enthält viele wichtige Inhaltsstoffe für den Aufbau des Körpers und ist leichter verdaulich als Brot aus Weizen. Ist das Brot aus fein ausgemahlenem Mehl gebacken, können wir es gut verdauen. Bei vielen, vor allem industriell hergestellten Brotsorten werden indes dem Mehl einfach ganze Getreidekörner beigemischt und das Brot wird als Vollkornbrot angepriesen. Ganze Körner machen aber noch kein gesundes Brot aus, die Körner können im Gegenteil kaum verdaut werden und belasten den Magen. Aber auch das beste Brot kann für die Verdauung zum Problem werden, wenn wir zu viel davon essen. Die im Brot enthaltene Stärke führt leicht zu Blähungen und Verstopfung.

Richtiges Kauen – die Verdauung beginnt schließlich mit dem Einspeicheln der Nahrung bereits im Mund – erleichtert dem Magen die Arbeit.
Ach ja, falls Sie in der Auflistung den Frühstückskaffee vermisst haben, den verschieben wir dem Wohlbefinden zuliebe auf später, in die Kaffeepause. Dann freuen wir uns auf unseren Genuss-Espresso und weil wir richtig gefrühstückt haben, brauchen wir auch keine Nussecke und keinen Fleisch-Käse-Sandwich, um unsere Laune zu heben. Dazu trinken wir ein Glas gutes Wasser. Und schon sind wir wieder ein Stückchen näher in unsere Mitte gerückt. Wie ein gesundes Frühstück auch aussehen kann, erleben wir in der Fitnesswoche.

GASCHURN, MONTAG, 9.00 UHR

Meditation, Morgengymnastik und Wassertraining inklusive Sauna und Dampfbad haben wir bereits hinter uns, als wir uns im Frühstücksraum versammeln.
Auf den Tischen stehen Olivenöl und Honig. Das Olivenöl kommt aufs getoastete Vollkornbrot, wie die Spanier dies tun. Mit dem Honig wird der Kräutertee gesüßt. Raffinierten Zucker gibt es in dieser Woche nur in homöopathischen Dosierungen in Desserts, Kaffee ist wie Wein ganz von der Getränkeliste gestrichen. Schließlich gehört es mit zum Konzept von Toni Mathis' Fitnesswochen, dass auf Genuss- und gewisse Nahrungsmittel ein paar Tage ganz verzichtet wird. Nicht etwa, um uns zu gängeln, sondern um uns unsere Abhängigkeit davon bewusst zu machen. Ohne mindestens eine Tasse Kaffee am Morgen kommen manche im Alltag ja schon gar nicht erst auf die Beine.
Am Frühstücksbuffet können wir uns von Butter, Marmelade, frischem Obst und Gemüse, duftenden Vollkornbroten, verschiedenen Sprossen und Keimlingen, Müsli, Joghurt und Frischkäse bedienen.
Die Stimmung ist locker, es macht sich bereits ein Gefühl der Zusammengehörigkeit breit. Die Verlockung ist groß, sich allzu großzügig vom leckeren Buffet zu bedienen, was einige der Teilnehmer auch weidlich tun. Teller um Teller wandern voll beladen zu den Tischen, an denen gut gelaunt geplaudert wird. Auch ich kann mich nicht zurückhalten und hole eine zweite Portion frische Ananas und eine weitere Scheibe Brot. Toni sitzt auf der Bank mit dem Rücken zur Wand und beobachtet das Treiben zufrieden lächelnd. Wer sich jetzt zu viel auf den Teller lädt, wird es später auf der Wanderung bereuen. Aber das verrät uns der Sporttherapeut noch nicht.

Er lässt uns gewähren. Wie immer bleibt Toni Mathis dem Grundsatz treu, dass der Mensch selbst erfahren soll, was ihm gut tut. Wer jetzt nicht Maß halten kann, der wird später beim Sport merken, dass ihm das Zuviel schwer auf dem Magen liegt, vielleicht wird ihm sogar schlecht werden. Am nächsten Morgen wird er sich dann hoffentlich etwas mehr in Zurückhaltung üben. Als uns Toni Mathis empfiehlt, uns noch etwas auszuruhen, bevor wir uns an der Hotelrezeption für die bevorstehende Wanderung versammeln sollen, lässt er aber doch noch schelmisch verlauten: „Telefoniert's noch einmal, nachher seid ihr müde!"
Am Abend sollte ich noch einmal an seine Worte denken. Nach der Wanderung folgten Mittagessen, Ruhephase, Lauftraining, Gymnastik, Wassergymnastik, Dampfbad, Sauna, Abendessen und Meditation. Um 22.30 Uhr sank ich todmüde, aber mit einem wunderbaren Wohlgefühl, ins Bett. Ein ganz schön anstrengendes Programm. Und das war erst der erste Tag. Vier weitere sollten folgen. Sie würden nicht minder anstrengend werden. Das Handy blieb übrigens für den Rest der Woche stumm.

Tomaten, die auf getoastetem, mit Olivenöl beträufeltem Brot ausgedrückt werden, so dass nur das Mark zurückbleibt, ist eine neue, aber schmackhafte Frühstücksvariante. Warum aber sollen wir die Schale nicht essen? „Die Schale der Tomate ist unverdaulich, sie lässt sich nicht in Enzyme und Nährstoffe zersetzen. Sie ist ähnlich wie Plastik. In den mediterranen Ländern hat man das längst erkannt. Dort werden Tomaten nur geschält gegessen und verarbeitet", erklärt Toni. Toni Mathis ist ein Praktiker. In seinem Therapie-Zentrum in Feldkirch hatte er Darmspülungen als Therapie angewandt und entdeckt, dass Tomatenschalen nach zwei Wochen praktisch unverdaut wieder ausgeschieden werden. Auch Keimlinge und Sprossen zum Frühstück kamen mir zuerst ziemlich „spanisch" vor, daheim stehen sie kaum auf meinem Speiseplan. Also erkundige ich mich nach deren Bedeutsamkeit. Mathis' Erklärung ist einleuchtend: Viele der Keimlinge enthalten Bitterstoffe; bitter ist neben süß, sauer und salzig die vierte im Bund der Grundgeschmacksrichtungen. Aber weil Bitterstoffe auf der Beliebtheitsskala der Geschmäcker ganz unten rangieren, werden sie zusehends aus unserer Küche eliminiert. Dabei würden sie einen willkommenen Ausgleich bilden zu unserem übermäßigen Süßigkeitenkonsum. Kennen Sie diese Gier nach Torten und Schokolade? Probieren Sie Tonis Tipp einmal aus und kaufen Sie sich in Reformhaus, Drogerie oder im Naturkostladen ein Stück Meisterwurzel, Sie werden erleben, wie die Bitterstoffe der

Wurzel Ihren Drang nach Zucker deutlich dämpfen werden. „Es steht Ihnen aber natürlich frei, den bitteren Ausgleich zum süßen Stück Schwarzwälder Torte weiterhin mit einem Kaffee zu schaffen, damit Sie nicht kollabieren", wird Toni deutlich.

Bei Hippokrates hieß es schon: „Deine Nahrung soll deine Medizin sein und deine Medizin soll deine Nahrung sein." In der chinesischen und in der indischen Küche wird dieser Grundsatz heute noch weitgehend befolgt. Hier werden zu den vier Grundgeschmacksrichtungen zwei weitere hinzugezählt, herb und scharf, und allen wird beim Kochen mit Kräutern Rechnung getragen. Die Chinesen sind zudem kleinere Portionen gewohnt und halten sich an die „20-40-40"-Regel: 20 Prozent Fleisch, 40 Prozent Reis und 40 Prozent Gemüse. Entsprechend ausgewogen und der Gesundheit zuträglich sind die Speisen. Ernährungsbedingte Krankheiten und Übergewicht waren bisher in diesen Ländern weitgehend unbekannt. Seit aber Fastfood-Ketten an jeder Ecke mit ihren Filialen Einzug halten, verbreiten sich auch hier Übergewicht und Herz-Kreislauf-Probleme zunehmend.

Fastfood hat keinerlei Nährwert, aber unglaublich viel Fett. So werden wir außen dick und verhungern doch innerlich! Der amerikanische Regisseur Morgan Spurlock hatte für seine Filmdokumentation „Super Size Me" Versuchskaninchen gespielt und sich 30 Tage lang ausschließlich vom Menüplan einer bekannten Fastfood-Kette ernährt. Nach diesem Monat befand sich Spurlock in einem besorgniserregenden gesundheitlichen Zustand. Er hatte nicht nur ganze 12 Kilogramm mehr auf den Rippen, seine Cholesterin- und Leberfettwerte glichen denen eines Kranken und er war schlapp und depressiv geworden. Der Regisseur wollte mit dem Selbstversuch die schlechte Situation in den amerikanischen Schulkantinen dokumentieren und auf das katastrophale Wissen über Ernährung der Amerikaner aufmerksam machen. Nicht viel besser ist die Situation in Europa. Der bekannte Fernsehkoch Jamie Oliver wollte statt fetten Fish'n'Chips und Nuggets frisches Obst und Gemüse in den Schulküchen von Großbritannien etablieren. Der Vorsatz war gut, die Regierung spielte mit, nur hatte der Wirt die Rechnung ohne die Kinder und deren Mütter gemacht: Die Kids verweigerten das gesunde Essen und verlangten weiter nach Junk-Food. Das Fatale an der Geschichte ist, dass sie Erfolg hatten. Die Mütter machten sich nämlich auf, ihren Nachwuchs eigenhändig mit dem Gewünschten aus der nächsten Frittenbude zu versorgen. Was das für die Gesundheit der Kinder und Jugendlichen bedeutet, können wir anhand der Zahlen ahnen, die uns unsere Gesundheitsbehörden regelmäßig präsentieren und die für Öster-

reich, Deutschland und der Schweiz in etwa gleich sind: Danach ist bereits jedes fünfte Kind und jeder dritte Jugendliche übergewichtig. Das Problem von Diabetes-2 bei Kindern und Jugendlichen, eigentlich eine Stoffwechselkrankheit vornehmlich älterer Menschen, ist hier gleich wie in Amerika auf dem Vormarsch. Und die Mütter unterstützen diese Entwicklung meist aus Unwissenheit auch noch! Die organisierte Geburtstagsparty, gleich bei welcher Fastfood-Kette, mag für die Kinder lustig sein und auch ein hin und wieder gierig verdrückter, zwischen ein Papp-Brötchen geklemmter, fettiger Hamburger scheint harmlos zu sein. Und doch ruiniert dieses Verhalten die Gesundheit im Verlauf der Zeit. Auf Raten, sozusagen. Das Dilemma wird noch größer, wenn dazu vor schlechtem Fett triefende Pommes Frites konsumiert werden. „Die Kinder werden nicht ausreichend mit Vitaminen und Mineralstoffen versorgt!", warnt Toni Mathis eindrücklich. „Ihr Immunsystem wird erheblich geschwächt."
Und wenn wir gerade so schön bei Fastfood sind, dann wenden wir uns doch auch gleich noch den koffeinhaltigen Zuckergetränken zu.
Eine kleine Flasche eines solchen Getränks raubt dem Kind den Vitamingehalt von einem ganzen Tag! Ganz zu schweigen von der Schädlichkeit der 12 (!) Würfelzucker, die ein einziger Liter eines solchen koffeinhaltigen Gebräus enthält. Dieser viele Zucker übersäuert das Blut komplett. Um diesen Säureüberschuss wieder auszugleichen, holt sich der Körper Kalzium aus Knochen und Zähnen. Kalzium ist ein wertvoller Basenbildner, aber der Körper besitzt nur begrenzte Reserven von diesem körpereigenen Stoff. Wird zu viel Kalzium für die Säure-Kompensation verwendet, führt dies unter anderem zu Verkalkungen der Gefäßwände, der Sehnen, des Bindegewebes und der Bandscheiben. Das wiederum kann die Entstehung von rheumatischen Krankheiten und Rückenproblemen begünstigen. „Der Mensch denkt nicht darüber nach, was der Verlust von Kalzium für ihn bedeutet", erklärt Toni. „Er ist sich nicht bewusst, welchen Einfluss der Mineralstoff Kalzium zum Beispiel auch auf den Zustand des Blutes hat." Wird der Organismus mit der Säure nicht mehr fertig und nimmt die Säure im Blut überhand, wird der rote Lebenssaft zu dickflüssig. „Die roten Blutkörperchen, die Sauerstofftransporteure des Körpers, schwimmen normalerweise einzeln im Blutplasma. Bei einem Säureüberschuss bilden sich vermehrt Bluteiweiße, die die roten Blutkörperchen regelrecht zusammenkleben können, was dann aussieht wie Geldrollen." Man kann sich leicht vorstellen, dass dieses verdickte Blut nicht mehr so leicht durch die engen Gefäße im Körper fließt. Das Herz wird also ganz schön gefordert, weil es

den zähflüssigen Lebenssaft mit massiv erhöhtem Druck durch das Gefäßsystem pumpen muss. Womit wir, Sie ahnen es, beim Bluthochdruck angelangt sind. Der Mensch lässt offensichtlich nichts aus, um sich zu schaden. In der Apotheke kann man sich übrigens Teststreifen kaufen, mit denen sich der Säuregehalt von Getränken und Nahrungsmitteln messen lässt. Die Messgröße für die Messung von Säuren und Basen ist der pH-Wert. Ein pH-Wert von 7,0 ist neutral. Je weiter unter 7 der pH-Wert liegt, umso größer ist der Säureüberschuss, umgekehrt ist ein Nahrungsmittel bzw. ein Getränk umso basischer, je mehr der Wert über diesem pH-Wert liegt. Mit den kleinen pH-Teststreifen können Sie selbst testen, welche Säuremengen Sie mit Süßgetränken in sich hineinschütten. Wie soll der Körper das auf Dauer unbeschadet überstehen? Bei einem Erwachsenen mit einem durchschnittlichen Gewicht von, nehmen wir mal an, 70 Kilo, mag das vielleicht eine Weile angehen, bis sich der Körper in Form einer Krankheit beginnt dagegen aufzulehnen. Aber was tun wir damit längerfristig der Gesundheit eines Kindes an, das vielleicht 18 Kilo wiegt?

Wenn einem allerdings schon schlecht ist, dann kann eine zucker- und koffeinhaltige Cola auch nicht mehr schaden. Dann kann sie vielleicht sogar dafür sorgen, dass man sich kurzfristig etwas besser fühlt. Weil der Zucker sogleich ins Blut schießt, dem ermatteten Körper einen kurzfristigen Energieschub versetzt und das Koffein den Kreislauf wieder etwas auf Trab bringt. Zudem eliminiert das Getränk die lästigen Bakterien. Aber vergessen Sie nicht, dass der Flüssigkeitsbedarf des Körpers mit Cola und anderen koffeinhaltigen Süßgetränken nie und nimmer gedeckt wird. Dafür braucht der Körper Wasser! Dreimal dürfen Sie übrigens raten, welchen pH-Wert Wasser hat. Neugierig, wie ich bin, habe ich den Versuch mit dem Teststreifen gewagt und, Sie ahnen es, Wasser hat einen neutralen pH-Wert von 7,0. Der gleiche Versuch mit einem Cola-Getränk zeigte einen pH-Wert von 5,0 an, ein Espresso einen pH-Wert von 6,0.

Es gibt noch etwas Unverträglicheres für den Körper als Süßgetränke: Getränke mit der Bezeichnung „Light". Die Werbung will uns weismachen, mit der Light-Version würden wir den Zucker sparen und das sei gut für unsere Figur. Das klingt gut. Die Realität sieht aber wie so oft etwas anders aus. Die Light-Getränke wecken das Hungergefühl und machen Appetit auf Süßes! Wer mit Garantie zunehmen will, der kann getrost zu künstlich gesüßten Getränken greifen. Schmeckt die Zunge nämlich Süßes, schickt sie sofort den Auftrag an die Bauchspeicheldrüse: Bitte Insulin produzieren, gleich kommt Zucker ins Blut. Das Insulin ist der Schlüssel zu den Zellen, wo der

Zucker als Energielieferant schlussendlich landen soll. Nun schwimmt also das viele Insulin im Blut und wartet auf den Zucker, der nicht kommt. Der Körper kann den künstlichen Süßstoff nicht als solchen erkennen. Also geht eine Meldung zurück ins Hirn: Auftrag Insulinproduktion ausgeführt, wo bleibt der Zucker? Das Hirn gibt die Meldung an uns weiter: Der Körper hätte gerne Zucker! Und schon ist unser Heißhunger auf Schokoriegel und Sahnetorte geweckt. So geht das muntere Spiel immer weiter, bis wir erstaunt feststellen, dass wir in der Kleiderabteilung nach einer größeren Konfektionsnummer greifen müssen.

In einer Fitnesswoche bei Toni Mathis macht jeder die Erfahrung, wie wohlschmeckend und bekömmlich eine vollwertige Ernährung mit „lebendigen" Nahrungsmitteln ist. Man beginnt automatisch zu hinterfragen, was genau da auf dem Teller serviert wird. Woher kommt das Nahrungsmittel? Wie wurde es erzeugt? Das sind Fragen, die man sich nach ein paar Tagen ganz automatisch zu stellen beginnt. Trotz des neu erlangten Bewusstseins passiert es einem dann doch: Da sind diese wunderschön verpackten Pralinen, denen kann man einfach nicht widerstehen. Gedankenlos greift man zu, und weil's so gut schmeckt, nimmt man noch eine zweite und dritte dieser verlockenden Zuckerkugeln. Toni kann da nur den Kopf schütteln und zu bedenken geben: „Die Leber bedankt sich, die Niere schreit unhörbar; die Mischung ist unverdaulich!" Die Schokolade ist reine Säure und braucht wiederum körpereigenes Kalzium zum Neutralisieren. „Pralinen sind reine Chemie. Nicht einmal eine Fliege würde da rangehen!", so Tonis trockener Kommentar zur zuckersüßen Versuchung. Wenn es denn unbedingt Schokolade sein muss, dann doch bitte ein Stückchen dunkle Schokolade mit einem Kakaoanteil von mindestens 70 Prozent. Die ist dann auch schön bitter und regt die Lust auf Zucker nicht unnötig an. Wir sollten nie vergessen, dass sich das, was wir nicht verdauen können, als Fett an den Stellen ansetzt, die wir nicht bewegen!

Ein kleiner Trick von Toni Mathis, wie Sie ein paar lästige Pfunde auf gesunde Weise verlieren können, sei Ihnen an dieser Stelle verraten: Begnügen Sie sich eine Zeitlang am Abend mit einem Teller frischer Gemüsesuppe. In Kombination mit täglich einer Viertelstunde Sport werden Ihre Jeans garantiert in Kürze wieder perfekt sitzen und der Rock in der Hüfte nicht mehr zwicken. Vergessen Sie also langweilige Diäten und probieren Sie's aus. Bis zu einem Kilo sollten Sie so pro Woche loswerden können! Mit diesem Tipp fällt es vielleicht leichter, schnell ein paar Pfunde abzunehmen. Eine gesunde, maßvolle Ernährung ersetzt aber auch diese Kurzzeitdiät nicht!

Frisches Obst und Gemüse vom Markt oder sogar aus dem eigenen Garten, schonend zubereitet, damit Vitamine und Mineralstoffe nicht zerstört werden, würde dem Körper zuführen, was er braucht. Aber das ist heutzutage schwer zu bekommen. Stattdessen liegen in den Auslagen das ganze Jahr über für das Auge perfekt aussehende rot glänzende Erdbeeren und Tomaten, die aber leider wässrig und komplett ohne Geschmack sind. Auch Äpfel und Birnen sehen aus, als hätte sie jemand nach einer Vorlage einzeln angefertigt. Wie aus der Retorte. Stück für Stück gleich groß und auf Hochglanz poliert. Wenn man hineinbeißt, folgt die große Enttäuschung. Die Früchte schmecken nach nichts. Aber sie beginnen schon nach einigen Tagen von innen her zu faulen. Was wiederum wenig verwundert, wenn man weiß, dass das Obst noch in unreifem Zustand geerntet und womöglich künstlich bestrahlt wird, um die Sonnenkraft zu ersetzen, die für die volle Reife fehlt. Da muss man sich wirklich fragen, wie viele lebenswichtige Vitamine und Nährstoffe wir mit dieser Kost noch zu uns nehmen.
Ganz zu schweigen von genmanipulierten Nahrungsmitteln, um die regelmäßig hitzige Diskussionen entbrennen. Nahrung, die man entkeimt, der man also buchstäblich „das Leben nimmt", wird uns Konsumenten als vollwertige Lebensmittel verkauft. Und wir lassen uns täuschen und verführen von den mit meist ungesunden Leckerbissen voll gepackten Regalen. Unser Käuferherz lacht und der Geschäftsmann reibt sich die Hände. Schöne verkehrte Welt!
Aber irgendwie scheinen sich doch Zweifel an der Wirksamkeit unserer Lebensmittel breit zu machen. Weshalb sonst würde der Markt mit Vitamin-Präparaten, großteils synthetischer Natur, derart boomen? Die Pharma-Industrie freut's auf jeden Fall. Sie verdient gutes Geld damit.
Sich gesund zu ernähren ist leider oft auch eine Preisfrage. Biologische, ökologisch produzierte Lebensmittel sind teurer als industriell hergestellte und nicht überall zu haben. Aber vielleicht lohnt es sich darüber nachzudenken, lieber etwas weniger einzukaufen, dafür aber auf die bessere Qualität zu achten.
Eine Firma, für die die Qualität ihrer gesunden Nahrungsmittel ganz oben auf der Prioritätenliste steht, ist im hessischen Fulda, in Deutschland zu Hause. Die Firma „tegut..." produziert seit mehr als 30 Jahren erstklassige Bio-Produkte. Wolfgang Gutberlet und seine Söhne sind der festen Überzeugung, dass der Mensch aus einem Lebensmittel, sei das Pflanze oder Tier, die erforderlichen Kräfte für die täglichen Anforderungen aufnimmt und es deshalb eine entscheidende Rolle spielt, wie die Nahrungsmittel

produziert werden. Seit 1972 besitzt das Unternehmen eine eigene Fleisch- und Wurstproduktion. Seit 1996 kommen Brot und Backwaren aus der eigenen Bäckerei, in der ausschließlich mit Getreide aus ökologischem Anbau und mit natürlichem, mit Sauerstoff angereichertem Wasser gearbeitet wird. Bio-Gemüse, Bio-Fleisch, Bio-Wurst und Bio-Backwaren finden reißenden Absatz. Inzwischen setzen sich rund 5500 Angestellte in mehr als 300 Filialen für das gesundheitliche Wohl der Kunden ein.

Ob Bio oder nicht, Fleisch ist ein Energiespender und gehört zu einem ausgewogenen Ernährungskonzept. Aber auch hier spielt es eine wesentliche Rolle, wie oft und in welcher Menge man es verzehrt. Kein Mensch braucht jeden Tag ein Riesensteak. Fleisch liefert viel Eiweiß und ein Zuviel davon führt wiederum zu einer Übersäuerung im Blut. Es ist immer dieselbe Geschichte: Um diese Säure abzubauen, braucht der Körper Kalzium, das er sich aus Knochen und Zähnen holt. Der Mensch ist ein Allesfresser, kein ausschließlicher Fleischfresser. Und wenn Sie sich jetzt fragen, warum Ihr geliebter Hund ohne gesundheitliche Risiken so viel tierisches Eiweiß verschlingen kann, dann hat Toni Mathis eine verblüffend einfache Erklärung: „Ihr Haustier hat uns Menschen gegenüber den entscheidenden Vorteil, dass es den kalziumhaltigen Knochen zum Fleisch gleich mitisst."

Eine weitere Quelle von tierischem Eiweiß, Milch und Milchprodukte, nimmt auf der uns von Ernährungsexperten empfohlenen Nahrungsmittelpyramide einen wichtigen Stellenwert ein, weil sie ein wichtiger Kalziumlieferant zu sein scheint. Aber ist Kuhmilch wirklich so gesund, wie uns immer gesagt wird? Es gibt einige kritische Ansätze, die uns Toni Mathis zu diesem Thema zu bedenken gibt. Toni ist als Bauernsohn aufgewachsen und hat die Kühe auf der Alm gehütet. Die frisch gemolkene Milch wurde selten getrunken, in der Regel wurde sie zu Hause mit Bratkartoffeln oder Mais gekocht verzehrt. Heute wird uns von Fachleuten empfohlen, Milch zu trinken, und das möglichst jeden Tag. Dabei leiden schätzungsweise zwei Drittel aller Erwachsenen und auch schon Kinder an einer Unverträglichkeit von Milchzucker, Laktose, einem Bestandteil der Milch. Tatsächlich verlieren wir ungefähr nach dem vierten Lebensjahr immer mehr die Fähigkeit, ein bestimmtes Enzym, Laktase, zu produzieren, das der Körper zu Aufspaltung des Milchzuckers braucht. Bleibt der unverdaute Milchzucker im Darm, können Blähungen sowie Bauchschmerzen und Durchfall die Folge sein. Eine der häufigsten Nahrungsmittelallergien ist die Milchunverträglichkeit, die Ekzeme, Hautausschläge und chronische Nasen- und Stirnhöhlenbeschwerden hervorrufen kann.

Persönliches Erlebnis

In früheren Zeiten wurden Ammen gesucht, wenn die Mütter selbst nicht stillen konnten, heute dient Kuhmilch als Ersatz für die Muttermilch. Diese Erfahrung habe ich mit meiner inzwischen 17-jährigen Tochter selbst gemacht. Natürlich wollte ich meinem Kind damals die Brust geben und ich war sehr enttäuscht darüber, dass dies nicht möglich war. Also musste ich wohl oder übel mangels besseren Wissens zu Fläschchenkost mit Kuhmilch übergehen. Dass das Kind ein paar Tage später anfing, regelmäßig nachts zu husten und einen Hautausschlag bekam, brachte ich damals nicht in Verbindung mit der Milch. Als der Husten auch nach einem Monat nicht aufhörte, sondern im Gegenteil immer schlimmer wurde, konsultierte ich den Kinderarzt. Der äußerte den Verdacht einer Lungenentzündung und verschrieb ein Antibiotikum. Der Husten blieb. Ein Jahr lang probierte ich von Antibiotika über Hustensirup bis hin zu Zwiebelwickel alle Mittel und Mittelchen aus, um meiner Tochter zu helfen. Erst als mich ein Apotheker auf die Möglichkeit einer Milchunverträglichkeit aufmerksam gemacht hatte und ich die Kuhmilch absetze, hatte der nächtliche Horror nach einer Woche ein Ende.

Tonis Erlebnis

Auch Toni glaubte früher an die gesundheitlichen Vorzüge der Kuhmilch und gab seinem damals siebenjährigen Sohn Tino seine heiß geliebte Milch mit Ovomaltine als Energie spendendes Pausengetränk mit in die Schule. Zu Mittag hatte der Bub dann keinen Hunger, dafür Bauchkrämpfe. Das Schauspiel wiederholte sich am Abend, nachdem Tino vor dem Zubettgehen seine Kakaomilch getrunken hatte. Erst als er die Milch auf Anraten eines Arztes wegließ und durch Wasser ersetzte, hatte der Spuk ein Ende. Bauchkrämpfe und Appetitlosigkeit waren von dem Tag an verschwunden. Toni Mathis wäre nicht Toni, hätte er diese Ereignisse einfach so im Raum stehen lassen. Er wollte es genau wissen und zog einen Arzt zu Rate, der Darm- und Lebersanierungen nach der Methode des österreichischen Arztes Dr. Franz Xaver Mayr (1875-1965) durchführt. Der machte anlässlich einer öffentlichen Vorführung vor 50 Leuten ein eindrückliches Experiment. Er nahm verschiedene Getränke wie Kaffee, Milch, Milch mit Kakao und Ovomaltine und mixte Salzsäure hinzu. Zum Vorschein kam Erstaunliches: Die aggressive Salzsäure schaffte es nicht, die Milch-Ovo-

maltine-Mischung und Milch-Kakao-Mischung zu zersetzen, sie blieben als verklumpte Masse im Gefäß zurück! Wenn nicht einmal Salzsäure wirkt, wie soll denn dann die Magensäure das Kunststück schaffen? Wird die Ovomaltine oder der Kakao mit Wasser angemacht, haben Salz- bzw. die Magensäure übrigens ein leichtes Spiel.
Wurde früher die frische Milch von einem Bauernhof in der Küche verwendet, ist die Milch, die wir heute aus dem Kühlregal nehmen, eine Mischung aus Milch von vielen Bauernhöfen und wird erst noch sterilisiert, damit sie haltbar bleibt. Lieferte in früheren Zeiten eine Kuh, die morgens und abends gemolken wurde, 10 bis 15 Liter Milch, dann war der Bauer schon sehr zufrieden. In der EU werden heute Turbo-Kühe gezüchtet, die 30 bis 35 Liter pro Tag produzieren müssen. Um diese irrsinnige Menge zu erzielen, werden die Tiere mit Eiweißfutter gemästet, anstatt sie artgerecht mit Gras und Heu zu füttern. Allein schon diese Fakten sollten einem zu denken geben und Anlass dafür sein, sich zu fragen, ob wir ein solches Lebensmittel wirklich brauchen. Die Milchschwemme, die produziert wird, muss verarbeitet und mit allen Mitteln unter das Volk gebracht werden. In einem Buch habe ich diese Aussage gelesen: „Der Gedanke, dass die Kuhmilch ein notwendiges Nahrungsmittel der Menschen sei, ist eine Form der Sklaverei, denn er ist ein Glaube, der die Menschen von Kühen abhängig macht." Sie trifft den Nagel wohl auf den Kopf. Ein Kalb hört nach ungefähr vier Monaten auf, die Milch seiner Mutter zu trinken, und geht zu fester Nahrung über. Keine Kuh würde ihre eigene Milch trinken. Aber wir Menschen sollen nicht ohne Milch leben können, da wir sonst im Alter unter porösen Knochen, Osteoporose, leiden könnten. Merkwürdig ist nur, dass Osteoporose in Indien, Japan und den meisten asiatischen Ländern ein Fremdwort ist, obwohl hier kaum oder gar keine Milch getrunken wird.

Auszüge aus einer Abhandlung über Osteoporose aus dem Jahr 2001 von Thomas Rau, Chefarzt der Paracelsus-Klinik Lustmühle bei St. Gallen in der Schweiz, zeigen interessante Erkenntnisse auf[1]: „Die Hauptursache der Osteoporose ist einerseits ein verminderter Knochenstoffwechsel, bedingt durch Durchblutungsstörungen und Alterung, andererseits durch die Übersäuerung und Übereiweißung, welche großteils ernährungsbedingt ist. Die Übersäuerung ist bedingt durch Fehlernährung, vor allem durch die Einnahme eiweißhaltiger Speisen, insbesondere tierischer Eiweiße."
Ferner schreibt der Mediziner Thomas Rau: „Die bei uns übliche zu eiweißhaltige Kost führt zur Anreicherung nicht verwertbarer Aminosäuren, wel-

[1] www.paracelsus.ch

che als Säure wirken. Diese Überfluss-Aminosäuren und Überfluss-Eiweiße versucht der Körper zu binden, indem er sie mit Kalzium neutralisiert und irgendwo im Körper ablagert. Zum Beispiel als Bindegewebsverhärtungen, Einlagerungen in das Gewebe oder Arteriosklerose. Das Kalzium, welches dazu benötigt wird, wird aus den Knochen abgezogen und dies führt zur Entkalkung des Knochens. Gleichzeitig werden aber auch Magnesium und andere Spurenelemente dem Knorpel und Knochen entzogen, was zu Herz- und Arthrose-Problemen führen kann."
Zum Thema Kalzium hat Dr. Rau ebenfalls eine Abhandlung verfasst. Die Auszüge daraus sollen uns einige Denkanstöße geben: „Der heutige ‚zivilisierte', meist übersäuerte Mensch hat oft einen Mangel an Magnesium, der bei unsinniger Kalziumaufnahme nur noch schwerer wiegt. Er hat aber auch oft ein Übermaß an Natrium (aus Salz und Fleisch) und einen Mangel an Kalium. Einzig pflanzliche Kost (möglichst zu 1 - 2/3 als Rohkost) ersetzt alle diese notwendigen Mineralien in der richtigen Zusammensetzung."
Milch- und Milchprodukte sind demnach als Kalzium-Lieferanten nicht tauglich. Im Gegenteil: „Milch- und Milchprodukte sind wohl sehr kalziumhaltig, dieses Kalzium nützt aber nichts, da ein Übermaß an Phosphor und vor allem ein starkes Übermaß an Milcheiweiß das Kalzium bindet und es daher inaktiv für die Zelle und den Knochen macht. Milch- und Milchprodukte sind also zur Behandlung der Osteoporose und der ihr zugrunde liegenden Übersäuerung nicht geeignet und es ist davon abzuraten."
Auch Kinder sollen keine Milchprodukte erhalten, rät der Chefarzt der Paracelsus-Klinik: „Da sie übersäuernd und allergiefördernd wirken und sehr häufig Ursache von Immunstörungen und Infektanfälligkeiten sind." Deutliche Worte, die wir uns überlegen sollten, wenn uns die Werbung wieder einmal mit geschönten Bildern vom Gegenteil überzeugen will.
In seinen Abhandlungen macht uns der Arzt Thomas Rau deutlich klar, wie wichtig Mineralstoffe und Vitamine für uns sind. „Alles hat in dieser Form seine Wichtigkeit", meint Toni dazu.
Kommen wir nun von der Theorie wieder zurück in den Alltag und stellen uns eine Situation vor, wie sie sich täglich tausendfach abspielt. Der lange Arbeitstag ist vorbei, die stundenlangen Sitzungen sind endlich vorüber und wir kommen müde nach Hause. Der Körper möchte sich bewegen und was tun wir? Wir freuen uns auf ein üppiges Abendessen, dazu trinken wir ein paar Gläser Wein und danach geht's weiter mit Freunden in die Bar. Nach der schweren Arbeit hat man sich ein bisschen Spaß schließlich red-

lich verdient. Nun, der Abend ist lustig, man hat viel Spaß zusammen. Nur das Aufstehen am anderen Morgen, das fällt schwer. Man ist müde, weil der Schlaf zu kurz gekommen ist. Der Schädel brummt. Erst Bier, dann Wein und zum Abschluss ein Gläschen Grappa, das war offensichtlich zu viel. Der Körper ist total ausgetrocknet. Der Alkohol hat dem Körper den ganzen Sauerstoff und das Wasser entzogen. Reiben Sie sich nur einmal die Hände mit Alkohol ein und Sie werden erleben, wie trocken sie nachher sind. Wie, denken Sie, sieht das wohl in Ihrem Körper aus nach einer durchzechten Nacht? Ab und zu mal eine Party zu feiern, dagegen ist nichts einzuwenden. Aber regelmäßig durchgefeierte Nächte sind ein untaugliches Rezept für ein gesünderes Leben. Wer so mit seiner Gesundheit umgeht, der mag am Morgen nicht aufstehen und laufen, lieber bleibt er noch ein paar Minuten länger liegen. Danach braucht er erst einmal drei Espressi, damit er überhaupt richtig wach wird.
Es ist kein Geheimnis, dass uns unsere unvernünftigen Ess- und Trinkgewohnheiten über die Jahre hinweg krank machen. Bluthochdruck und Arteriosklerose, Verkalkung der Gefäße, führen zu vielen Herz- und Kreislauferkrankungen. Damit zu leben ist für die Betroffenen oft mit vielen Einschränkungen der Lebensqualität verbunden. Aber bevor sich der Mensch ernsthaft darum bemüht, gesünder zu leben und wieder in eine innere und äußere Balance zu gelangen, sieht er sich lieber als Opfer, schluckt Medikamente und legt sich auf den Operationstisch. „Wir sind auf die Welt gekommen, um unser kurzes Leben zu genießen. Was wir daraus machen, ist etwas anderes. Wenn man an der Situation etwas ändern möchte, dann kann man das." Toni geht uns mit gutem Beispiel voran und zeigt uns mit seinen Anweisungen einen gangbaren Weg.
Am besten schlagen wir ihn gleich bei der nächsten Mahlzeit ein.

Ausscheidung

„Nicht was wir essen,
sondern was wir verdauen können,
tut uns gut"

Ausscheidung

Wir behandeln unseren Körper wie einen Hautsack, den wir den ganzen Tag mit Nahrungsmüll füllen, und anschließend wundern wir uns, dass auf der Toilette nichts mehr geht. Dabei muss der Körper über den Darm wieder entsorgen, was er nicht verwerten kann. Der Darm ist das größte Immunorgan im Körper, mehr als 70 Prozent aller Abwehrzellen sitzen hier. Über den Darm scheiden wir nicht nur unverdauliche Nahrungsbestandteile aus, auch abgestorbene Darmbakterien und Zellen verlassen den Körper über diesen Weg. Obwohl wir über die Haut und den Atem mehr toxische Stoffe ausscheiden als über den Darm, ist ein regelmäßiger Stuhlgang ein überaus wichtiger Faktor für den Körper, um in der Balance zu bleiben. Aus ihrer Mitte herausgefallen sind offenbar diejenigen etwa 20 bis 30 Prozent der Bevölkerung in den Industrieländern, die an Verstopfung leiden, wobei Frauen häufiger betroffen sind als Männer. Dabei sollte man bedenken, dass Verstopfung keine Krankheit ist, sondern ein Symptom. Gegen die Symptome, die eine Darmträgheit hervorrufen, hat die Pharmaindustrie eine ganze Palette von Tabletten und Mitteln erfunden, die den Betroffenen helfen sollen, die Verdauung wieder ins Lot zu bringen und die Ausscheidung anzuregen. Doch was anfangs als unterstützende Hilfe auf der Toilette durchaus erleichternde Wirkung zeigen kann, erweist sich bei über längere Zeit andauerndem, regelmäßigem Konsum nicht selten erst recht als „Ausscheidungsbremse"; der Darm wird immer träger, die Muskulatur erschlafft mit der Zeit komplett und irgendwann arbeitet der Darm überhaupt nicht mehr von selbst. Aber der bequeme Mensch versucht seine Verdauung lieber mit ein paar Tassen Kaffee anzukurbeln oder nimmt ein Abführmittel, statt dass er seinen Kreislauf inklusive den trägen Darm mit zwei mal zehn Kniebeugen wieder in Schwung zu bringen beginnt. Aber ein Versuch wäre es doch immerhin wert, nicht wahr?
Kennen Sie den Witz, wie einer mit Durchfall auf der Skistation ganz dringend aufs Klo muss? Und die einzige Toilette weit und breit ist besetzt. Der Durchfallgeplagte wartet, klopft irgendwann und sagt: „Kannst du nicht fertig machen, ich habe Durchfall, ich sollte rein." Da ertönt von drinnen ein Stöhnen: „Du Glücklicher."
Sie ahnen den Sinn der Geschichte: Auch Stuhlgang braucht Wasser. Aber wenn wir keines trinken, dann wird der Stuhl hart. Reichlich Wasser trinken, viel frischen Salat, Gemüse und Obst essen, sich regelmäßig bewegen und genügend schlafen machen den Stuhl weicher und sollten die Verdauung wieder ins Gleichgewicht bringen. Alles, was sich im Darm ansam-

melt und nicht so schnell wie möglich wieder ausgeschieden wird, belastet den Körper unnötig, er gerät unter enormen Druck. Es entwickeln sich übel riechende Gase, die Gifte lagern sich im Blutkreislauf und im Gewebe ab. Ein paar Tage fasten nach einer Völlerei hat schon manchem gut getan. Die Gase, die den Körper unter Druck setzen, sind verschwunden. Und dieser Druck ist es ja, der den Menschen krank macht.

In Tonis Fitnesswochen funktionieren Ausscheidung und Entgiftung auf jeden Fall, wenn auch, wie bei mir, ein bis zwei Tage vergehen, bis sich der Darm an die neuen Spielregeln gewöhnt hat. Die Gifte, die wir Seminarteilnehmer nicht über den Darm loswerden, schwitzen wir beim täglichen Trainingsprogramm garantiert über die Haut aus.

Gerade weil ein regelmäßiger Stuhlgang so wichtig für unsere Gesundheit und damit für unser inneres Gleichgewicht ist, lohnt es sich umso mehr, darauf zu achten, was wir unserem Körper zuführen. Deshalb sollten wir ihn nicht einfach wie einen Müllsack wahllos mit allem vollstopfen, was für unseren Gaumen so begehrenswert riecht und schmeckt, unserer Gesundheit aber nur allzu oft gar nicht bekommt!

Bewegung

„Wir sind geboren,
um uns zu bewegen und unseren
Körper zu pflegen.
Tun wir das nicht, werden wir krank."

Bewegung

Toni redet sich in Fahrt. Wenn es um das Thema Bewegung geht, kennt der Sporttherapeut kein Pardon: „Es gibt keine Entschuldigung, sich nicht zu bewegen! Drei Mal pro Woche eine Stunde wäre gut. Wenn wir jetzt schon so schlecht beieinander sind, wie soll das dann in fünf Jahren aussehen?"
Drei Stunden pro Woche? Von wegen! Drei Stunden Bewegung packt Toni in seinen Fitnesswochen locker in einen Vormittag! Der Mann bewegt die Menschen, und das im wahrsten Sinn des Wortes. Körper und Geist sind gleichermaßen gefordert, umzudenken. Der Geist wird schon um 6.30 Uhr bei der Meditation angeregt. Der Körper kommt etwas später dran. In Gaschurn täglich gleich nach der Morgenmeditation und nach dem Frühstück sowie am Nachmittag, nach Mittagessen und Ruhezeit.

GASCHURN, MONTAG, 11.00 UHR

Erwartungsvoll versammeln wir uns an der Rezeption. Wir werden gleich auf den ersten Marsch geschickt. Gut, dass wir uns nach dem Frühstück etwas ausruhen konnten, schließlich hatten wir seit dem frühen Wecken um 6.00 Uhr bereits einiges an Aktivität hinter uns gebracht. Nach der Meditation gab es eine kurze Pause bei einer mit Honig gesüßten Tasse Kräutertee, dann folgte ein kurzer, ca. zwanzigminütiger Lauf aus dem Dorf hinaus zu einer ruhigen Stelle, wo wir nun jeden Morgen ein Gymnastikprogramm absolvieren würden. Immer die gleichen Übungen. Sie sollen uns dermaßen im Gedächtnis haften bleiben, dass wir sie zu Hause ohne Mühe abrufen können. Nach dem lockeren Lauf zurück ins Hotel blieb knapp Zeit fürs Umziehen, bevor wir im Hallenbad von einem gut gelaunten Tino zur Wassergymnastik erwartet wurden. Weiter ging es dann in die Sauna oder ins Dampfbad zum kräftigen Schwitzen, damit die Körpergifte ausgeschieden werden. Ich hätte nie geglaubt, was man alles an körperlicher Aktivität in diese zweieinhalb Stunden bis zum Frühstück um 9.00 Uhr packen kann!
Inzwischen ist es also 11.00 Uhr und wir sollen zum ersten Mal in die Höhe. Frohgemut marschieren wir los. Diejenigen, die einen längeren Atem haben, ziehen mit Toni voran. Die Kurzatmigeren, ich inklusive, schließen sich Tino und Hannes an. Hannes, der junge österreichische Hürdenläufer, gehört zu Toni Mathis' Betreuungsteam, das die Fitnessgruppe diese Woche begleitet.
Wir marschieren los, vom Hotel hinunter zum Sportplatz, über die Holzbrücke durch den Wald, ungefähr ein halbe Stunde den Hang hinauf und

auf dem Retourweg am Wasserfall vorbei. Etwa 200 Höhenmeter bewältigen wir auf dem sechs Kilometer langen Rundgang in anderthalb Stunden. Ein erster Test, bei dem Toni beobachten kann, wie fit wir sind. Hannes gesellt sich zu mir und verwickelt mich in ein Gespräch. Lächelnd und mühelos spaziert er fröhlich plaudernd neben mir her, während ich mich mit jedem Meter, den wir an Höhe gewinnen, mehr verausgabe, Mühe mit dem Atmen bekomme und bald nicht mehr in der Lage bin, einen zusammenhängenden Satz von mir zu geben. Alle sind sie leichtfüßiger unterwegs als ich, sogar der gewichtige Mike zieht an mir vorbei. Schnaufend zwar, aber immerhin, er hat weit weniger Probleme. Aber das macht nichts. Hauptsache, ich komme am vereinbarten Ziel an. Bevor wir auf den Gedanken kommen, uns über die Anstrengung zu beklagen, bittet Toni Erika, uns ihre Geschichte zu erzählen. Erika war in der Gruppe ganz vorne mitgegangen.

Erikas Krankengeschichte

Erika ist 61 Jahre alt und malt wunderschöne Bilder. Kein Mensch würde der fröhlichen, vor Lebensfreude sprühenden, sportlichen Schweizerin ansehen, dass sie vor zwei Jahren eine lebensbedrohliche Krankheit überlebt hat. Angefangen hatte alles ganz harmlos mit einem Gesundheitscheck beim Arzt, weil Erika im Urlaub einen Tauchkurs machen wollte. Zwei Jahre zuvor war sie wegen eines Leistenbruchs operiert worden, die Narbe schmerzte ab und zu. Nichts, worüber sie sich Gedanken machte. Aber der Arzt spürte während der Untersuchung eine Verhärtung im Narbengewebe und bestellte Erika nach dem Urlaub zu einem weiteren Termin für eine Ultraschall-Untersuchung zu sich. Auf Drängen ihres Mannes machte Erika diese Untersuchung in einem Spital bereits vor ihrer Abreise. Die Diagnose war scheinbar klar: Sie leide an einer Zyste am Eierstock. Nach dem Urlaub solle sie sicherheitshalber noch einen Gynäkologen aufsuchen. Erika tat, wie ihr empfohlen, die Diagnose wurde bestätigt, die Patientin nach Hause geschickt mit dem Rat, sich in einem Jahr wieder zu melden für eine Kontrolle. Hätte Erika diesen Rat befolgt, würde sie heute vielleicht nicht mehr leben. Zum Glück misstraute ihr Hausarzt der Diagnose seiner Kollegen und drängte auf weitere Abklärungen. Und tatsächlich: Bei einer Untersuchung im Computertomographen stellte sich heraus, dass sich bei Erika eine äußerst seltene Geschwulst am Darm gebildet hatte, die operiert werden musste. Sie solle sich keine Sorgen machen, wurde Erika informiert,

diese seltene Krankheitsform sei in der Regel gutartig. Doch es sollte anders kommen. Kaum war Erika nach der geglückten Operation zu Hause, kam der Anruf vom Arzt. Was statistisch praktisch nie vorkommt, war bei Erika eingetroffen: Die Geschwulst hatte sich als bösartig herausgestellt. Erika hatte Krebs. Von einem Moment auf den anderen war die lebenslustige Frau todkrank. Für die Familie brach eine Welt zusammen. Erika setzte sich mit ihrem Mann und den vier Kindern zusammen, um noch alles Ungeklärte zu bereinigen, für den Fall, dass sie nicht mehr nach Hause kommen würde. Eine Woche nach der ersten Operation lag Erika wieder auf dem Operationstisch. Drei Meter ihres Dünndarms mussten entfernt werden. Nach dieser zweiten großen Operation nahm sich Erika vor, die Genesung mit positiven Gedanken voranzutreiben. Sie erinnerte sich daran, was sie in einer früheren Fitnesswoche bei Toni Mathis gelernt hatte. Nicht aufgeben, sein eigenes Tempo finden und die Leistungsfähigkeit schön langsam aufbauen. Also nahm sich Erika vor, jeden Tag das Doppelte von dem zu tun, was sie am Vortag geschafft hatte. Langsam zwar, aber mit bewundernswerter Disziplin kam sie so buchstäblich Schritt um Schritt wieder auf die Beine.
Kaum zu Hause, suchte Erika eine weitere Herausforderung. Auf einer mehrtägigen Wanderung wollte sie ins Tessin marschieren, wo die Familie ein Ferienhaus besitzt. Die Familie war besorgt. So beschloss erst ihr Sohn, seine Mutter zu begleiten, dann ihr Mann. Am Ende machte sich Erika in Begleitung von Ehemann und allen vier Kindern zu Fuß auf in Richtung Südschweiz.

Erika beendet ihren Bericht mit einem Strahlen im Gesicht, ihr geht es körperlich inzwischen glücklicherweise wieder hervorragend. Noch vor zwanzig Minuten waren vereinzelt Klagen über körperliche Unzulänglichkeiten laut geworden, die den einen oder anderen auf dem Weg den Berg hinauf geplagt hatten. Jetzt sind alle mucksmäuschenstill. Angesichts einer solchen schweren Krankengeschichte, die leicht hätte tödlich enden können, erscheinen die eigenen Wehwehchen verschwindend klein und unbedeutend. Wir sind so verwöhnt, dass uns schon die geringsten Unannehmlichkeiten aus dem Gleichgewicht werfen. Wo bleibt unsere Demut?

Es gehört zum Konzept von Toni Mathis, bequeme Wohlstandsmenschen mit solchen Schicksalen zu konfrontieren. Ihnen soll wieder bewusst gemacht werden, was für ein Geschenk es doch ist, einen gesunden Körper zu haben, und wie angebracht es doch wäre, dieses Geschenk in Demut anzunehmen.

Toni erzählt von einer seiner ersten Fitnesswochen, als er mit seinen Teilnehmern noch in einem Hotel logierte, das den luxusverwöhnten Gästen nicht den gewohnten Komfort bot. Ein Umstand, der einigen Grund zur Klage gab. Einer hingegen störte sich nicht an diesen Äußerlichkeiten. Es gab genug andere Dinge, über die er sich von Herzen freute: die frische Luft, die Wanderungen, das Zusammengehörigkeitsgefühl in der Gruppe. Der Mann nahm die wichtigen Gegebenheiten im wahrsten Sinne des Wortes mit dem Herzen auf, denn er war blind. Dem hatten die anderen nichts mehr entgegenzusetzen.

Toni wird nicht müde, den Menschen klar zu machen, wie wichtig es ist, ihren Körper zu pflegen und verantwortungsvoll mit ihm umzugehen. Anstatt dass der Mensch sich nämlich darüber freut, dass er gesund ist, und Sorge dafür trägt, dass das so bleibt, jammert er über jedes kleine Unwohlsein, für das er oft auch noch selbst die Verantwortung trägt. Denn wer sich unbedacht Kilo um Kilo anfuttert, sich nicht bewegt und Raubbau an seinem Körper betreibt, der muss sich nicht darüber wundern, dass der Körper irgendwann den Preis für sein Handeln zahlt. Dann schmerzen die Gelenke beim Gehen und die Luft wird knapp. „Wenn es ihrem Körper heute schlecht geht, dann haben sie Schulden bei ihm. Denn sie haben ihrem Körper etwas geraubt. Deshalb haben sie vielleicht Probleme, die sie in ihrem Alter noch nicht haben müssten", erklärt Toni und fährt fort: „Wir sind auf die Welt gekommen, um unser kurzes Leben zu genießen. Dafür haben wir einen gesunden Körper mitbekommen. Was wir damit im Verlauf des Lebens machen, ist eine Sache. Aber wenn wir etwas zum Positiven verändern möchten, dann können wir jederzeit damit anfangen."

Für Spitzensportler ist Toni Mathis' Fitnesswoche eine gewohnt intensive Trainingswoche. Wer aber als Normalsterblicher anreist, der hat in der Regel erkannt, dass er nicht mehr in der Balance ist und dass er in seinem Leben etwas grundlegend verändern muss. Hier wird niemand geschont, die körperlichen Defizite werden jedem schon am ersten Tag schmerzhaft bewusst.

Nach der ersten Wanderung am Montagvormittag weiß der Sporttherapeut Toni endgültig Bescheid über die körperliche Fitness eines jeden seiner „Schäfchen". Dabei ist Leistung nicht ausschlaggebend. Jeder soll seinen eigenen Rhythmus finden. Die Freude an der Bewegung soll wieder geweckt werden. Hauptsache, der Mensch bewegt sich überhaupt, schließlich ist er seit Jahrtausenden darauf programmiert!

GASCHURN, MONTAG, 16.00 UHR

Die nächste Gelegenheit dazu bekommen wir bereits am Montagnachmittag, als es um 16.00 Uhr heißt: Antreten zur Laufschule!
Hannes soll uns heute beibringen, wie man richtig läuft. „Leise wie eine Katze sollt ihr sein. Euer Auftreten auf dem Boden soll kaum hörbar sein", hat uns Toni mit auf den Weg gegeben. So einfach, wie man sich das vorstellt, ist es am Anfang gar nicht. Ich wusste gar nicht, wie viele Fehler man beim Joggen machen kann. Das Training findet diesmal auf dem Sportplatz bei der Schule in Gaschurn statt. Ich höre mich eher wie der berühmte Elefant im Porzellanladen an, als ich ungelenk, die Fersen voran in den Boden rammend, versuche, über den Sportplatz zu laufen. Danach wird's erst richtig anstrengend. „Einfersen" heißt eine der ersten Laufübungen. Hannes macht sie vor: Die Fersen sollen beim Laufen bis zum Po hochgezogen werden. Bei der nächsten Übung geht's umgekehrt, die Knie werden zur Brust hochgezogen. Schnell kommt man so nicht vorwärts und ich bin schon nach wenigen Minuten nass geschwitzt. Aber nach einer Stunde Training jogge ich die Straße zum Hotel viel leichtfüßiger und fast unhörbar zurück. Zwei entscheidende Dinge habe ich gelernt: Mich leicht nach vorne zu neigen, damit ich mit dem Vorderfuß zuerst auftrete, und am Anfang langsam zu laufen. Das Tempo kommt später von alleine. Toni: „Wie ein Besessener zu trainieren bringt nicht viel. Auch hier gilt es, seinen eigenen Rhythmus zu finden. Alles, was man tut, soll man aus Liebe tun. Laufen soll eine Lust sein und Spaß machen."

Bewegung soll Spaß machen, das ist eine Devise von Toni. Dabei kommt es gar nicht so sehr darauf an, mit welcher Art von Bewegung wir unsere Pulsfrequenz regelmäßig in die Höhe treiben. „Sorgen Sie für Abwechslung! Ballspielen mit den Kindern, wandern, schwimmen, Rad fahren. Egal, was es ist. Hauptsache, Sie bewegen sich regelmäßig und haben Spaß dabei", ist Tonis Rat an alle, die in Bewegung kommen und damit ihre innere Ba-

lance wieder finden möchten. „Der Körper soll neue Erlebnisse und Glücksgefühle bekommen!"
Für solche Glücksgefühle sorgt offenbar das in den vergangenen Jahren bei uns groß in Mode gekommene Nordic-Walking. Inzwischen laufen ganze Völkergruppen mit Stöcken im Eiltempo durch unsere Wälder und über die Wiesen. Mensch und Stöcke scheinen zusammengewachsen zu sein. Es drängt sich schon fast die Frage auf, ob das Gehen ohne Stöcke überhaupt noch möglich ist.
Der Trend kommt ausnahmsweise einmal nicht aus Amerika, sondern aus Finnland. Dort versuchte man, Alkoholiker, die ihre Koordinationsfähigkeit eingebüßt haben, durch Laufen mit langen Stöcken dabei zu unterstützen, ihre verloren gegangenen grobmotorischen Fähigkeiten wieder zurückzuerlangen. Mit den langen Stöcken war das aber nicht zu machen, die Probanden gerieten aus dem Takt. Mehr Erfolg hatte man in Finnland mit kurzen Stöcken. Und weil die Welt immer wieder auf der Suche nach neuen Einnahmequellen ist, brachten findige Geschäftsleute den Nordic-Walking-Trend auch in andere Teile von Europa. Die Trend-Sportart ist eine gute Bewegungsvariante, sofern man die Drei-Schritt-Technik richtig beherrscht. Am Berg kann der Stockeinsatz eine gute Hilfe sein. Mit den Stöcken brauchen wir ungefähr 10 Prozent weniger Kraft in den Oberschenkeln, weil die Arme mitarbeiten. Die Haltung ist sehr gut, weil der Oberkörper wie von selbst mitschwingt. Gleichzeitig wird die Armmuskulatur trainiert und die Atemtechnik verbessert.
Nach dem Bewegen ist dann wieder eine Erholungspause angezeigt. Erst Anstrengung, dann Ruhephase. Das eine nicht ohne das andere. Was immer wir im Leben tun, der Ausgleich ist wichtig.

GASCHURN, DIENSTAG, 10.00 UHR

Die Wanderung nach dem Frühstück gehört zum täglichen Bewegungsprogramm.
Heute nehmen wir Stöcke zu Hilfe. Bis zur Mittelstation der Silvretta Nova sollen wir gehen. Das sind 500 Höhenmeter, die wir bis dahin überwinden müssen. Von der Mittelstation aus geht es mit der Gondel weiter hinauf auf den Gipfel ins Bergrestaurant, wo wir heute das Mittagessen einnehmen werden.
Toni teilt uns in zwei Gruppen auf. Er übernimmt die Stärkeren. Sie nehmen Kurs nach links vom Hotel weg Richtung Wald, wo ein direkter Weg ge-

rade durch den Wald hinauf, am Wasserfall vorbei zur Mittelstation führt. Thomas, der schwergewichtige Zahnarzt aus Vorarlberg, kommt an die Grenzen seiner Kräfte. Drei Jahre ist es her, seit er, ganze 27 Jahre alt, während seiner Grundausbildung beim österreichischen Bundesheer bei einer Gefechtsübung einen Bandscheibenvorfall erlitt. Toni und Tino hatten ihn damals wieder auf die Beine gebracht. Seither weiß Thomas, dass er sich dringend mehr bewegen sollte. Aber wie so oft, wenn es um einen selbst geht, blieb es viel zu lange beim guten Vorsatz. Um ihm auf die Sprünge zu helfen, schenkte ihm seine damalige Lebensgefährtin die Fitnesswoche zum 30. Geburtstag. Darum ist Thomas jetzt hier und kämpft sich den Berg hoch. Auf der Höhe des Wasserfalls ist der stämmige Mann mit seinen Kräften am Ende, für einen Moment glaubt er nicht mehr daran, dass er es bis nach oben schafft. Toni wartet auf ihn, lacht und neckt ihn: „So anstrengend kann das doch nicht sein. Du kannst doch in Trance gehen!" Thomas absolviert nämlich daheim gerade eine Ausbildung in Hypnose, die er später in seiner Zahnarzt-Praxis anwenden will, um seinen Patienten die Angst vor der Behandlung zu nehmen. „So tief kann ich mich gar nicht in Trance versetzen, dass ich das nicht mehr spüre!", kontert Thomas völlig erschöpft. Endlich am Ziel angekommen, lässt er sich den Rest des Weges gerne von der Gondel hinauftragen und freut sich auf ein ordentliches Mittagessen.

Wer nach dem Aufstieg zur Mittelstation noch nicht genug getan hat, der darf mit Toni weiterkraxeln. Das sind dann noch einmal 500 Höhenmeter bis zur Bergstation! Helen und Kurt, das gut trainierte Ehepaar aus der Schweiz, schließen sich ihm an. Die drei lassen die Gondel links liegen und erklimmen den Weg auf die Bergspitze zu Fuß.

Tino kümmert sich derweil um die Untrainierteren, zu denen auch ich und Emel gehören. Tino führt uns vom Hotel auf der Straße unter der Gondel entlang den Berg hinauf. Ich bekomme schon nach den ersten hundert zurückgelegten Metern Mühe mit dem Atmen. Konzentriert versuche ich meinen Rhythmus zu finden und die Stöcke als Hilfe richtig einzusetzen. Noch kann ich mich mehr schlecht als recht mit Emel unterhalten, die von ihrem Leben zu Hause erzählt. Bis Tino kommt und uns ermahnt, das Reden einzustellen und den Atem zu kontrollieren. „Meine Damen, ich möchte ja nicht unhöflich sein, aber...", umschreibt er seine Aufforderung charmant. Insgeheim bin ich froh um sein Einschreiten, mir fällt das Luftholen mit zunehmendem Anstieg immer schwerer. Ich bin froh um jede kurze Ruhe-

pause, bevor wir weiter aufsteigen. Roswitha, Hausfrau aus Österreich, ihr Ehemann Josef mit seiner operierten Bandscheibe und Arthrose im Knie sowie Mike, der kahlköpfige, schwergewichtige Gondelbauer, gehören auch zu unserer Gruppe, gehen aber wacker vorne mit. Zwar gesteht mir Roswitha später auf dem Berg bei Salat und Knoblauchspaghetti, dass sie unterwegs zweimal eine ernsthafte Krise hatte, aber ihr Ehrgeiz ist groß und sie wollte den Männern auf jeden Fall die Stirn bieten. Unterwegs bewundere ich sie, wie gut sie vorankommt.

Kurz vor dem letzten Anstieg unter der Mittelstation kann Emel nicht mehr, sie legt sich völlig erschöpft ins Gras. Keinen Meter will sie mehr weitergehen. Tino redet ihr gut zu und hilft ihr wieder aufzustehen. Die letzten Meter bis zur Gondel schiebt er sie das kurze Stück den Hang hinauf.

Ich keuche und schnaufe, brauche in immer kürzeren Abständen eine kurze Pause. Aber ich bin zu stolz, um Tinos Hilfe anzunehmen. Wäre doch gelacht, wenn ich das letzte Stück nicht alleine schaffen würde! Und tatsächlich rückt die Mittelstation immer näher. Geschafft! Ein unglaubliches Glücksgefühl macht sich in mir breit. Wer bereits oben ist, gratuliert mir, jede und jeder freut sich mit mir. Das Wetter ist traumhaft, die Aussicht umwerfend. Das Leben ist phantastisch!

Als sich die Gruppe im Bergrestaurant Nova Stoba zum Essen zusammenfindet, ist jede Anstrengung vergessen. Alle sind wohlbehalten angekommen, das ist das Einzige, was zählt. Der Stolz, es geschafft zu haben, wird von allen geteilt. Jeder ist ein Held und glücklich über seine persönliche Leistung.

Bewegung ist das eine, aber wie steht es um die Beweglichkeit? Ein kleiner Test zeigt Ihnen, wie steif Sie bereits sind: Stellen Sie sich mit gestreckten Knien hin und versuchen Sie, mit den Fingerspitzen den Boden zu berühren. Nein, die Knie nicht beugen! Gar nicht so einfach, nicht wahr? Toni macht uns unsere Unbeweglichkeit mit klaren Worten deutlich: „Als wir noch Kinder waren, konnten wir alle noch die große Zehe in den Mund nehmen. Heute sind wir schon so weit, dass wir den Fuß auf einen Schemel stellen müssen, um uns die Schuhe zuzubinden. Oder wir machen es uns noch einfacher und kaufen vor vornherein Schuhe, in die man nur hineinzuschlüpfen braucht." Beim täglichen Gymnastikprogramm bekommen besonders diejenigen ihre Steifheit deutlich zu spüren, die unter Gelenkbeschwerden leiden. So wie Josef, für den es bereits die zweite Fitnesswoche ist. Diesmal ist er mit seiner Frau Roswitha und mit seinem Sohn Thomas angereist. Vor einem Jahr litt Josef unter einem Bandscheibenvorfall, der Operationstermin stand bereits fest. Da begab er sich für eine Woche nach Feldkirch in die Praxis zu Toni und Tino Mathis. Fünf Tage lang behandelte Tino ihn von früh am Morgen bis spät am Abend. Am dritten Tag hatte Josef bereits wieder Gefühle in den Füßen, einen Tag später, genau eine Woche vor dem Operationstermin, sagte Josef den Termin in der Klinik ab. Inzwischen bereitet Josef das Knien Mühe. Die Arthrose hat sein rechtes Knie kaputt gemacht. Er müsse operiert werden, haben die Ärzte ihm gesagt. Wenn es nach Toni geht, wird auch diese Operation nicht stattfinden. Jetzt ist Josef hier und müht sich am Morgen draußen bei der Gymnastik ab und nochmals am Nachmittag bei den Dehnungsübungen auf den Turnmatten im Seminarraum.

Jeden Morgen joggen wir leichten Schrittes den Weg vom Hotel hinunter über die Straße und zwischen den letzten Häusern von Gaschurn vorbei an Bauern, die noch mit der Sense das Gras mähen, zum Platz für die Gymnastik. Leicht sieht es aus, was Toni uns da vorturnt. Aber wir merken sehr schnell, wie anstrengend das Ganze ist. „Stellt euch vor, ihr seid ein Baum", sagt er zum Beispiel und lässt uns die Arme hoch gegen den Himmel strecken. „Die Beine sind eure Wurzeln, der Körper ist euer Stamm, die Arme sind die Äste und die Finger die Blätter, die im Wind ‚flattern'." In dieser Stellung lässt uns Toni langsam alle Muskeln anspannen. Von den Waden bis in die Arme, schön langsam. Jeden einzelnen Muskel. Die Arme werden immer schwerer, fangen an zu brennen. Immer mehr Hände fallen kraftlos herab. Ich beherrsche mich mit letzter Kraft. „Mit Autorennfahrern machen wir das zehn Minuten", meint Toni trocken und fordert uns zum Durchhalten auf. Ein erleichtertes Aufstöhnen geht durch die Runde, als wir die Hände endlich entspannen dürfen; nach gerade mal knapp fünf Minuten! Weiter geht es im Programm, nach den Händen kommen die Beine an die Reihe. Bei den Koordinationsübungen merke ich, dass ich nicht mithalten kann. Tino kommt mir zu Hilfe, geduldig erklärt er mir den Bewegungsablauf. Es dauert eine geraume Zeit, bis ich ihn intus habe. Jeden Morgen beiße ich mir an diesen Koordinationsübungen die Zähne aus.
Zwanzig Minuten dauert das tägliche Gymnastikprogramm am Morgen, dann joggen wir zurück. Heute bildet Toni das Schlusslicht. Emel läuft vor ihm. Sie macht zu lange Schritte und lässt die Arme kraftlos hin- und herschwenken. „Was haben wir gestern über das Laufen gelernt?", rügt Toni

sie. „Du musst kürzere Schritte machen, einen Fuß vor den anderen setzen, sonst geht dir bald die Luft aus. Die Geschwindigkeit kommt von alleine. Und lass die Arme am Körper locker mitschwingen." Emel reagiert leicht ungehalten auf Tonis Kritik. Der lässt sich nicht beirren und erklärt mit ungeduldigem Unterton: „Wir sind hier, um etwas zu lernen. Wir führen euch. Aber es gibt Leute, die sich nicht führen lassen wollen. Die müssen halt leiden."

Toni musste auch leiden, bevor er begriff, wie er verantwortungsvoll mit sich und seinem Körper umgehen musste. Knapp 22 Jahre alt war er, als ihn ein Bandscheibenvorfall aus der Bahn warf. Mit Disziplin und Beharrlichkeit hat er sich seine heutige Beweglichkeit und Fitness erarbeitet. Es ist unglaublich, Toni Mathis ist der Älteste der Gruppe, aber er macht allen etwas vor. Er sagt nicht nur, was wir tun sollen, er macht alles mit uns mit, vom Anfang bis zum Ende. Jede einzelne Gymnastikübung beherrscht er perfekt. Während wir bereits stöhnen und ächzen, turnt Toni weiter vor und erklärt auch noch die Abläufe. Für dieses Verhalten respektieren und bewundern ihn alle, die ihn je erlebt haben.

Die größte Herausforderung der Woche steht uns noch bevor: die Besteigung der berühmten Europatreppe! Im Vorfeld macht uns Toni klar: „Einen Berg besteigen ist wie eine Therapie. Durch die Anstrengung bis an die Grenzen der Belastbarkeit lernen wir Widerstände zu überwinden. Schmerzen dienen dazu, unser Verhalten zu ändern."

GASCHURN, MITTWOCH, 9.30 UHR

Wann wird uns Toni die Europatreppe bezwingen lassen? Diese Frage beschäftigt die Gruppe seit der Ankunft am Sonntagabend. Wer schon in einer Fitnesswoche war, der weiß, was ihn erwartet: 4000 Stufen, 700 Meter Höhendifferenz und eine maximale Steigung von bis zu 86 Prozent! Keine Kleinigkeit für Unsportliche wie mich und das heimliche Schreckgespenst aller Fitnesswochen-Teilnehmer.

An welchem Tag in der Woche Toni uns da hinaufschicken wird, weiß keiner im Voraus. Toni entscheidet intuitiv, wann die Gruppe so weit ist. Für unsere Gruppe ist das also der heutige Mittwoch.

Die Europatreppe ist quasi DIE Fitness-Königsdisziplin bei Toni Mathis. Daran kommt keiner vorbei, der es mit dem Sporttherapeuten zu tun hat. Weder Spitzensportler noch Hobby-Fitness-Freaks noch Patienten. Europa-

treppe 4000 heißt die gefürchtete Treppe beim Vorarlberger Ort Partenen offiziell und wird vom Tourismusverein als „größtes Fitnesszentrum der Welt" angepriesen. Diejenigen, die sie unter Ächzen und Stöhnen und mit brennenden Muskeln bezwungen haben, sprechen hinter vorgehaltener Hand mit vielsagendem Augenrollen eher vom größten Foltergerät. Allerdings nicht ohne verzücktes Grinsen auf dem Gesicht, denn trotz oder gerade wegen der Schinderei ist jeder glücklich und stolz, den schwierigen Aufstieg geschafft zu haben und oben angekommen zu sein. Die Treppe stellt für jeden eine absolute Herausforderung dar. Herausforderungen sind dazu da, bezwungen zu werden, denn daran wächst der Mensch im Geist. Ob Marc Girardelli, Alexander Wurz, Bernd Schneider oder Christina Surer, Toni hat sie alle schon hier hinaufgejagt. Immer wieder. Sei es zu Trainingszwecken oder aber während der Rehabilitationszeit nach Verletzungen und Unfällen. Immer aber mit dem Ziel, die Spitzensportler in Hochform zu bringen und zu halten. Erinnert man sich an die endlosen Erfolgslisten der Sportlerprominenz, muss das Konzept aufgehen. Was bei Spitzensportlern funktioniert, das kann auch Otto Normalverbraucher nicht schaden. Die Rechnung scheint auch hier aufzugehen.
Errichtet wurde die Treppe in den 1920er Jahren, als der Bau der großen Stauseen in der Silvretta begann und eine durchgehende Treppe zur Versorgung und Wartung nötig wurde. Mitte der 90er Jahre hatte sie als solche ausgedient, und nur dem gemeinsamen Einsatz von Toni Mathis, Conny Dorn, Marc Girardelli und Alexander Wurz ist es zu verdanken, dass mit Hilfe der Presse verhindert werden konnte, dass die Treppe abgebrochen wurde und sie heute als längste Treppe Europas über Österreichs Grenzen hinaus bekannt ist. Nicht nur Tonis Schützlinge trainieren hier, auch aus dem Trainingsplan der Damen der österreichischen Ski-Nationalmannschaft und zahlreicher Fußball-Teams und Marathonläufer ist sie nicht mehr wegzudenken.
Die Treppe ist übrigens praktisch eine Einbahnstraße: Hinuntersteigen darf man die 4000 Stufen den Kniegelenken zuliebe nicht. Hinunter gleitet man sanft mit einer Seilschwebebahn und genießt die fantastische Aussicht ins gegenüberliegende Tal. Dabei beglückwünscht man sich beim Anblick der Stufen von oben insgeheim noch einmal für seine tolle Leistung.

Beim Start unten an der Treppe schaue ich nochmals auf die Uhr: Es ist 9.46 Uhr. Von der ersten Stufe an achte ich stur auf die Atmung und versuche, in einen für mich stimmigen Rhythmus zu gelangen. Nach wenigen

Minuten überholt mich Thomas, der Zahnarzt, wenig später zieht der Nächste an mir vorbei. Ich lasse mich nicht beirren. Stur versuche ich mein Tempo einzuhalten, atme tief ein und in kräftigen Stößen wieder aus, damit meine Körperzellen möglichst viel Sauerstoff bekommen und meine Muskeln nicht anfangen zu schmerzen. Wie eine Dampflokomotive höre ich mich an, wie ich mich da schnaubend Stufe um Stufe hinaufkämpfe. Die ersten 200 Stufen zähle ich noch mit, dann kann ich mich nicht mehr auf die Zahlen konzentrieren. Nach 20 Minuten schnappe ich nach Luft, ich muss zum ersten Mal kurz anhalten und verschnaufen, die Lungen brennen. Dann werden die Treppenstufen unregelmäßig hoch und niedrig, ich gerate aus dem Takt, aber fest entschlossen marschiere ich weiter. In Gedanken stelle ich mir vor, wie mich ein unsichtbares Seil nach oben zieht und mich eine Kraft von hinten anschiebt. Fast kann ich die Anstrengung für einen kurzen Moment vergessen. Eine gute Dreiviertelstunde bin ich in meinem regelmäßigen Tempo unterwegs, als Jacques, Restaurantbesitzer vom Bodensee, leichten Fußes an mir vorbeizieht. Er war mit der zweiten Gruppe gestartet. 16 Minuten ist er unterwegs, als er mich überholt. Da weiß ich, dass ungefähr die Hälfte geschafft ist. Jacques trainiert regelmäßig intensiv und hat die Stiege am Anfahrtstag schon mal aus purer Neugierde bestiegen, in einer sensationellen Zeit von 32 Minuten. Der derzeitige Treppenrekord liegt bei 20 Minuten und 22 Sekunden, verrät das Informationsblatt vom Tourismusverein. Die zweite Hälfte wird nicht einfacher. Noch zwei, drei Mal muss ich innehalten und mich kurz erholen. Die Beine werden immer schwerer, der Puls rast, der Kopf dröhnt, die Muskeln schmerzen.

Aber Geschwindigkeit und Leistung zählen nicht bei Toni Mathis, das haben wir inzwischen begriffen. Wichtig ist nur, dass jeder die Herausforderung in seinem Tempo bewältigt und die Freude und den Stolz fühlen kann, wenn er oben angekommen ist. Der Weg ist das Ziel.

Also steige ich weiter mühsam Stufe um Stufe höher. Immer mehr Treppenstufen tun sich vor mir auf, sie scheinen kein Ende zu nehmen. Ich bin mit mir und meinen Gedanken alleine, versuche weiterhin, mich auf die regelmäßige Atmung zu konzentrieren, möglichst viel Sauerstoff aufzunehmen und möglichst wenig aus meinem Rhythmus zu fallen. Nach sage und schreibe 90 Minuten habe ich mein Ziel erreicht. Das Gefühl ist unbeschreiblich. Jeder wird von den bereits Angekommenen jubelnd begrüßt. Nie, auch nicht in meinen kühnsten Träumen, hätte ich mir je eine solche sportliche Höchstleistung zugetraut.

Ich sehe Alfred, den Geschäftsmann aus Baden-Württemberg, die letzten Stufen hinaufhecheln, das Atmen macht ihm Probleme, mit seinem Übergewicht hat er noch nicht das nötige Atemvolumen. Aber nachdem er völlig erschöpft oben angekommen ist und kurz verschnauft hat, ist dieses Gefühl von Selbstachtung wieder da, das ihm abhanden gekommen war: „Ich alter, fetter Sack, das habe ich geschafft!"

„Nach diesem Tag bin ich platt", dachte sich Alfred und schlief mit der Überzeugung ein, sich am anderen Morgen vor lauter Muskelkater nicht mehr bewegen zu können und aufs Fitnessprogramm verzichten zu müssen. Die Überraschung war groß, als er am nächsten Morgen ohne schmerzende Muskeln aufwachte und mühelos aufstehen konnte. „Mensch, das Programm, das der Toni da macht, ist absoluter Wahnsinn!", war seine Reaktion.

In der Tat hat keiner von uns trotz der intensiven Anstrengung in dieser Woche einen Muskelkater. Das liegt mit daran, dass wir nach den sportlichen Anspannungen die verspannten Muskeln mit ausgiebigen Dehnungsübungen und mit der Wärme in Dampfbad und Sauna wieder weich machen. Und mit der richtigen Atmung und der ausreichenden Wasserzufuhr achten wir darauf, dass die Muskeln mit genügend Sauerstoff versorgt werden.

Tonis Worte zum Thema Sport und richtiges Training sollten uns zum Nachdenken bringen: „Wenn wir so trainieren, dass wir ausschauen wie ein Märtyrer, hat das wenig mit Sport zu tun. Aber wir meinen ja, wir müssten so daherkommen wie die Sportler im Fernsehen, so angezogen sein und auch so aussehen, sonst hat man keinen Sport gemacht. Aber es ist ein schlechtes Training, wenn man danach fix und fertig ist. Es soll einem danach nicht alles wehtun, sonst hat man etwas falsch gemacht. Jeder Sportler, der zwei Monate verletzt war, muss wieder von unten mit dem Trainingsplan anfangen. Nur so kommt er wieder nach oben. Aber dafür muss er drei Monate lang trainieren. Wie können wir denn glauben, nach fünf Tagen wieder topfit zu sein, nachdem wir den Körper jahrelang vernachlässigt haben?"

Wir müssen unser ideales Maß an Bewegung finden und regelmäßig Sport treiben. Aber immer in unserem Tempo und immer mit Spaß an der Sache. Und wenn wir das tun, dürfen wir es uns danach auch wieder auf dem Sofa gemütlich machen. Weil der Körper nach einer Anstrengung eine Ruhephase braucht.

Fitnesswoche

„Bei den Fitnesswochen
in Gaschurn, Seefeld und
im Tannheimer Tal
finden wir zu unserer Mitte"

Richtiges Laufen will gelernt sein

Nicht zu vergleichen mit der Europatreppe; aber auch die Stiege auf die Seefelder Sprungschanze hat es in sich.

Vielfältige Koordinationsübungen

Kein Hindernis für Jo Vonlanthen

Indoor-Programm mit Gymnastik und Meditation in den alten Gemäuern des Hotels Klosterbräu in Seefeld

Schlaf

„Der Schlaf ist für
den Menschen das, was das
Aufziehen für die Uhr ist"

Schlaf

Unser moderner Lebensstil lässt uns kaum zur Ruhe kommen. Wir hetzen von morgens bis abends von Termin zu Termin. Wenn wir dann ermattet von der Arbeit kommen, geben wir dem Körper nicht etwa die Bewegung, die er braucht, nein, nach Feierabend gehen wir aus oder setzen uns vor die Flimmerkiste und lassen uns berieseln. Schließlich ist der Mensch nach einem anstrengenden Tag rechtschaffen müde und hat eine Auszeit verdient. Oder wir treffen uns an der Bar auf ein paar Bier mit Freunden. Als ob jeder davor flüchten wollte, für ein paar Minuten oder gar Stunden mit sich allein zu sein und sich die Zeit zu nehmen, um sich auf sich selbst zu besinnen und auf die Signale seines Körpers zu hören. Als würden wir vor uns selbst davonrennen. Für alles scheint der Mensch sich Zeit nehmen zu können und oder zu müssen, nur für sich selbst scheint er keine zu haben. Ohne Unterlass lässt er sich vom Wichtigsten ablenken, was er hat: von sich selbst! Wen wundert es also, dass wir keine Ruhe finden, uns schlaflos im Bett wälzen und an einen ruhigen, erholsamen Schlaf nicht zu denken ist. Das Hirn ist so überflutet von den vielen Reizen, die Hirnfrequenzen sind so hoch, dass es buchstäblich nicht mehr abschalten kann. Der viel beschäftigte Mensch nimmt sich selbst nicht wichtig und fällt folglich aus seiner Mitte. So lange, bis ihm eine Krankheit die längst überschrittene Grenze aufzeigt.

GASCHURN, MITTWOCH, 20.30 UHR

Der Tag war lang. Seit wir um 6.00 Uhr morgens geweckt wurden, sind immerhin vierzehneinhalb Stunden vergangen, in denen die meisten von uns mehr in Bewegung waren, als das zu Hause in einer ganzen Woche der Fall ist. Obwohl Toni uns nach den anstrengenden Passagen immer genügend Ruhepausen einräumte, sind wir alle rechtschaffen müde. Der Tag endet, wie er begonnen hat: im Gemeinschaftsraum beim Meditieren. Wir schließen die Augen und lauschen der leisen, beruhigenden Melodie im Hintergrund. Toni hat eine CD mit Mantra-Klängen eingelegt. Sie soll uns helfen, uns in einen Zustand zwischen Wachsein und Schlaf zu versetzen, damit wir den Geist ausschalten und zur Ruhe kommen können. Eine Viertelstunde reicht. Danach legen wir uns auf den Bauch und dehnen noch einmal ganz langsam jede einzelne Muskelgruppe. Eine unglaubliche innere und äußere Ruhe stellt sich ein. Mit dem Einschlafen sollten wir jetzt eigentlich keine Mühe mehr haben. Wir sind alle total entspannt.
Das Ritual vor dem Schlafengehen wird in diesen Tagen für uns zur geschätzten Routine.

Ans Schlafen denken allerdings noch nicht alle. Ein Grüppchen macht sich auf in die Hotelbar. Der Barkeeper empfängt die Besucher mit einem Lächeln. Er weiß, Bier und Whisky bleiben für Tonis Leute unter Verschluss, Knabbernüsschen und Chips sind von der Theke verbannt. Zu bestellen gibt es Energiewasser und Kräutertee, mehr nicht. Der guten Stimmung unter den Leuten tut das eingeschränkte Angebot allerdings keinen Abbruch. Im Gegenteil. Friedliche Gespräche, gelöstes Lachen und eine entspannte Atmosphäre erfüllen den Raum.
Ich verabschiede mich von der Gruppe und begebe mich stattdessen auf mein Zimmer, um mir den vergangenen Tag noch einmal durch den Kopf gehen zu lassen und eine Zusammenfassung in den mitgebrachten Laptop zu tippen. Dann lösche ich das Licht und schlafe innerhalb kürzester Zeit problemlos ein. Es ist lange vor Mitternacht.

Zwei längere Ruhephasen hat Toni Mathis in den täglichen Ablauf seiner Fitnesswochen fix eingeplant. Die erste zwischen Frühstück und der Vormittagswanderung. Die zweite nach dem Mittagessen, bevor es weiter zum Nachmittagssport geht. Am Nachmittag rät uns Toni, uns hinzulegen und für 20, maximal 30 Minuten die Augen zu schließen und das Denken abzuschalten. Beim kurzen Mittagschlaf wird der Puls ruhig und der Geist kann die vielen Eindrücke, denen wir permanent ausgesetzt sind, verarbeiten. Nichts sehen, nichts hören, nichts fühlen, damit wir nach der Ruhezeit wieder voll aufnahmebereit sind für neue Sinneserfahrungen. Eine halbe Stunde reicht, um uns wieder mit neuer Energie aufzuladen. Schlafen wir länger, fällt der Kreislauf so weit in den Keller, dass das Aufstehen nachher schwer fällt und wir Anlaufschwierigkeiten für die nächsten Unternehmungen bekommen. Wir wollen schließlich nur kurz entspannen und wieder auftanken. Der tiefe Schlaf ist der Nacht vorbehalten.
Früher war ein kurzer Mittagschlaf nach dem Essen das Normalste der Welt. Heute verdienen findige Geschäftemacher viel Geld damit, gestressten Menschen für zehn, zwanzig Minuten eine Matte in einem ruhigen Raum zu vermieten, wo sie sich regenerieren können. Das Mittagsnickerchen nennt sich jetzt „Powernap" und der Ruheraum „Restpoint". Die Ausdrücke mögen moderner klingen, der Effekt ist derselbe: Der Mensch braucht Ruhephasen!
Die Sportler machen es uns vor. Toni erklärt, wie es funktioniert: „Ein Formel-1-Pilot hetzt nach den schnellen Runden in einem Qualifying nicht gleich zum nächsten Training. Er schaltet eine Ruhephase bis zum nächsten

Zeitrennen ein, in der er den Geist zur Ruhe kommen lässt und regeneriert. Dann kann er mit neuer Energie aufgeladen in die nächste Runde starten." Das sollten wir eigentlich beherzigen, wenn wir das nächste Mal aus einem Sitzungsraum kommend gleich zum nächsten Meeting eilen und dazwischen versuchen, den aufgewühlten Geist husch, husch mit einer eilig geleerten Tasse Kaffee zu besänftigen. Damit erreichen wir nämlich genau das Gegenteil, wir sind noch aufgekratzter. Die fünf Minuten zwischen den beiden Terminen könnten wir besser nutzen, wenn wir uns kurz zurückziehen, die Augen schließen und ruhig innehalten würden.

Die regelmäßigen Ruhephasen, die Toni seinen Sportlern, Patienten und Fitnesswoche-Teilnehmern ans Herz legt, haben noch einen weiteren Vorteil. Auch der Darm kommt zur Ruhe. Wir sind entspannt, der Körper inklusive des Darms ist entspannt, wir nehmen uns die Zeit zum Innehalten. Und weil wir zudem genügend gutes Wasser getrunken und uns ausreichend bewegt haben, sind nun alle Voraussetzungen geschaffen, dass die Ausscheidung problemlos funktioniert.

Nach den sich abwechselnden Aktiv- und Ruhephasen am Tag sind wir am Abend müde und freuen uns auf einen ruhigen, tiefen Schlaf.

Roswithas Leidensgeschichte

Wie wenig Schulmediziner auf ihre Patienten eingehen, zeigt die folgende Geschichte eindrücklich: Roswitha aus Oberösterreich war erst verärgert darüber gewesen, dass ihr Mann Josef nach einer Therapieserie bei Tino Mathis auch noch zur Fitnesswoche reiste. Dann aber las sie ein Buch über Toni und seine Arbeit[1] und war begeistert. Das nächste Mal wollte sie mitfahren. Zum Glück, denn Roswithas Leben hing damals quasi an einem seidenen Faden. Keiner ahnte, dass sie schwer herzkrank war und dringend einen Herzschrittmacher brauchte. Hätte Toni Mathis sie nicht auf die richtige Spur gebracht, würde Roswitha heute vielleicht nicht mehr leben. Seit gut fünf Jahren schon hatte die ehemalige Werk- und Hauswirtschaftslehrerin Roswitha unter unerklärlichen Schlafschwierigkeiten gelitten, als sie im Herbst mit Mann Josef und Sohn Thomas nach Gaschurn kam. Kein Arzt hatte sie bis dahin wirklich ernst genommen und ihre Symptome richtig gedeutet. Depressionen habe sie, hatte ein Neurologe der lebensfrohen Frau vor drei Jahren ins Gesicht gesagt und ihr Psychopharmaka verschrie-

[1] Dem Körper eine Chance – 5 Tage, die das Leben verändern, Toni Mathis und Detlef Vetten, Vier Flamingos Reihe. Das Buch ist vergriffen.

ben. Geschluckt hat Roswitha die Medikamente nie. Sie spürte intuitiv, dass ihr Problem woanders liegen musste. Skeptisch, ob sie als scheinbar Depressive hierherpasste, war sie nach Vorarlberg gereist, machte das Bewegungsprogramm in Gaschurn mit Freude mit, ging in die Berge, bezwang die Europatreppe. War sogar schneller zu Fuß als ihr Mann und ihr Sohn. Nur schlafen konnte sie nicht. Weder nachts noch während der Ruhephasen am Tag. Kaum hatte sie sich hingelegt, fing das Herz an zu rasen und der Blutdruck stieg besorgniserregend an, ihr blieb die Luft weg. Nach drei Tagen fühlte sie sich kontinuierlich schlechter.

War es Zufall oder Fügung? Toni Mathis hatte ein Buch über Kardiologie[2] in die Fitnesswoche mitgenommen, man weiß ja nie, wozu man es brauchen kann. Schon vor zwei Jahren, als er das Fachbuch gekauft und erstmals darin gelesen hatte, zeigte es ihm den möglichen Zusammenhang zwischen bestimmten Symptomen von Schlafstörungen und Herzproblemen auf. So brachte die nochmalige Lektüre Toni Mathis auf eine Spur: Roswithas Symptome könnten auf ein ernsthaftes Herzproblem hindeuten, auf ein Herz-Innendruck-Syndrom[3]. Für den Sporttherapeuten war zudem klar: „Eine Frau, die so fröhlich ist, kann nicht unter Depressionen leiden, die würde nie und nimmer auf einen Berg steigen und sich über den warmen Sonnenschein freuen. Ihre Symptome deuten darauf hin, dass mit dem Herzen etwas nicht stimmt." Toni bemerkte Roswithas Verzweiflung am Morgen, wenn sie nach der schlaflosen Nacht übermüdet auf dem Schemel kniete und beim Meditieren fast einnickte. Er ließ sie die Symptome schildern und erzählen, wie sehr sie unter ihrer Schlaflosigkeit litt. Zum ersten Mal fühlte sich Roswitha in ihrer Krankheit ernst genommen und schöpfte Hoffnung. Toni erklärte ihr seinen Verdacht und die Zusammenhänge.

Toni erkannte dann auch, wie gefährlich Roswithas Symptome waren und schickte sie am Samstag mit dem dringenden Rat nach Hause, sich schnellstens in einer Klinik für ein Langzeit-Elektrokardiogramm (EKG)[4] anzumelden. Das Buch über Kardiologie gab er ihr gleich mit.

---

[2] Die neue, sanfte, ganzheitliche Kardiologie – Neuentwicklungen in der nicht invasiven Kardiologie, Dr. Peter Hain und Werner L. Wilhelm Wicker, Druck- und Verlagsgesellschaft Südwest mbH, Karlsruhe

[3] Ein Herz-Innendruck-Syndrom entsteht durch ein Missverhältnis zwischen dem in das Herz einströmende Blutvolumen und der Dehnbarkeit der Herzwände. Die anflutende Flüssigkeit (bei erhöhten Beinen) drückt auf die Innenschicht des Herzens und bewirkt eine Durchblutungsstörung besonders in der Nacht und bei verdickten Herzwänden.

[4] Ein Langzeit-EKG (meist über 24 Stunden) soll nur zeitweise auftretende Herzrhythmusstörungen aufdecken

Kaum einen Tag daheim, litt Roswitha unter Atemnot und suchte den Arzt auf. Der Mediziner machte ein EKG[5], konnte nichts Ungewöhnliches entdecken, meinte, sie leide unter Stress, und verschrieb der verzweifelten Frau Schlaftabletten gegen ihre Schlaflosigkeit. Damit war der Fall für den Herrn Doktor erledigt. Hätte der Arzt die kranke Frau da schon ins nächste Landeskrankenhaus für ein 24-Stunden-EKG überwiesen, wie Toni Mathis geraten hatte, wäre Roswitha einiges erspart geblieben.

In der Zwischenzeit hatte Roswithas Sohn Thomas einen ausgewiesenen Herzspezialisten an einem oberösterreichischen Krankenhaus ausfindig gemacht. Hier im Spital sollte der Mutter endlich richtig geholfen werden. Aber auch da erlebte Roswitha, wie unsensibel Ärzte mit ihren Patienten umgehen. Wieder versuchte sie, ihre Situation zu erklären, ihre Sorge und ihren Verdacht zu äußern, zeigte das Kardiologie-Buch. Auch hier hörte ihr keiner wirklich zu und nahm sie ernst. Vier Tage lang wurde Roswitha gründlich durchgecheckt: Kurzzeit- und Belastungs-EKG[6], Herzkatheter, Lungenröntgen, keine Untersuchung wurde ausgelassen. Nach jeder Untersuchung wurde ihr versichert, dass alles in bester Ordnung sei. Und gegen den hohen Blutdruck in der Nacht gibt es schließlich Tabletten. Den Herzprofessor sah Roswitha lediglich bei der täglichen Visite. Zeit für ein kurzes, persönliches Gespräch, das Roswitha, inzwischen voller Fragen, so dringlich wünschte, schien sich der Arzt keine nehmen zu können. Oder wollte er schlicht und einfach nicht? Schließlich war er der Arzt und somit zuständig für medizinische Probleme und deren Lösungen. Was sollte ein Sporttherapeut schon von Herzkrankheiten verstehen. Der „Idiot" hatte die Frau ja sogar noch auf die Berge geschickt. Und jetzt kam die Frau hierher und behauptete zu wissen, worunter sie leidet? Das gibt es doch nicht.

Aber Roswitha war inzwischen zu 100 Prozent davon überzeugt, dass ihre Krankheitssymptome tatsächlich auf die Diagnose Herz-Innendruck-Syndrom hindeuteten. Der behandelnde Arzt gab ihr sogar Recht, meinte aber, dass das Problem mit Medikamenten in den Griff zu bekommen sei.

Nach vier Tagen Klinikaufenthalt sollte die kranke Frau entlassen werden. Am Tag zuvor hatte man ein 24-Stunden-Langzeit-EKG angeordnet, das zeitweise auftretende Herzrhythmusstörungen aufdecken soll. Inzwischen war es Donnerstagmittag, sie solle sich schon mal anziehen und reisefertig

[5] Stromflusskurve des Herzens

[6] Dient vor allem der Diagnose und Verlaufskontrolle von Durchblutungsstörungen des Herzens, die in Ruhe nicht zu erkennen sind

machen, hatte man sie angewiesen. Nach der Auswertung des EKGs könne sie nach Hause gehen. Da stand Roswitha nun mit ihrer Reisetasche und dem Zettel mit ihren Fragen in der Hand und war richtig wütend. So schnell würde man sie nicht loswerden. Sie würde nicht eher von hier weggehen, bevor sich nicht ein Arzt endlich die Zeit nehmen würde, ihre Fragen zu beantworten. Sie wusste, dass etwas ganz und gar nicht in Ordnung war, zweimal hatte sie in dieser Nacht sekundenlang fast keine Luft mehr bekommen, sie wusste auf die Minute genau, wann das gewesen war. Das musste sich doch im EKG zeigen! Roswitha sollte Recht behalten. Sie wäre in dieser Nacht beinahe gestorben.

Wie sie da stand und wartete, kam ein Arzt eilenden Schrittes herbei: „Sie müssen hierbleiben, sie brauchen dringend einen Herzschrittmacher[7], sonst entschlafen Sie über kurz oder lang in die andere Welt." Die Auswertung des letzten EKGs hatte es an den Tag gebracht: Roswithas Pulsschlag setzte von Zeit zu Zeit schon fast ganz aus. Die Messung der Pulsfrequenz zeigte sich in diesen Sekunden als fast flache Linie. Es waren auf den Punkt genau die Sekunden, während denen Roswitha um Luft gerungen hatte.

Ein zweites 24-Stunden-EKG wurde angeordnet, in der Nacht flachte ihr Puls dramatisch ab, sie rang nach Luft und wollte nur noch eines: möglichst schnell einen Herzschrittmacher. Zu Mittag wurde Roswitha endlich operiert. Der Primar hatte bis dahin immer noch keine Zeit gefunden, mit der todkranken Frau zu sprechen. Erst am Tag vor ihrer Heimreise konnte sie endlich mit dem Mediziner reden. Er bestätigte der Patientin, dass sie Recht gehabt hatte mit ihrem Verdacht und ganz nebenbei bei ihr noch zwei weitere Herzfehler entdeckt worden waren. Überdies kämen solche Schlafprobleme häufig vor, wenn man sich mit diesen Herzkrankheiten körperlich überanstrenge.

Na toll. Wie, bitte schön, hätte Roswitha denn wissen sollen, dass sie drei Herzfehler hat und sich schonen sollte, wenn die Ärzte sie partout nicht ernst nahmen, ihr sogar die Diagnose „depressiv" stellten und Psychopharmaka verschrieben?

Roswithas Leidensgeschichte war damit aber noch nicht zu Ende. Schon im Krankenhaus war ihr nach der Operation aufgefallen, dass ihr Herz viel zu schnell schlug. Und wieder hörte keiner auf sie. Sie wurde als gesund nach Hause geschickt mit dem Rat, sich sechs Wochen lang zu schonen.

Kaum daheim, verschlimmerten sich die Beschwerden dramatisch, Ros-

---

[7] Impulsgenerator, der den Herzmuskel im Schlagrhythmus elektrisch erregt.

witha spürte ihren Pulsschlag vom Hals bis zum Bauch, glaubte, sie hätte Herzrhythmusstörungen. In ihrer Verzweiflung rief sie eine Bekannte an, die einen medizinischen Beruf ausübt. Diese schickte Roswitha umgehend zurück in die Klinik, sie dürfe keinen Tag länger warten! In der Klinik stellte sich heraus, dass der Schrittmacher auf einen viel zu hohen Schlagrhythmus eingestellt worden war. Der Herzschrittmacher wurde auf eine tiefere Pulsfrequenz eingestellt, Roswitha fühlte sich etwas besser und befand sich endlich auf dem Weg zur Genesung.
Fünf Wochen später begab sich Roswitha noch einmal in das Krankenhaus, um ihren Herzschrittmacher zu überprüfen. Da schien die Gelegenheit gekommen, den Herzprofessor endlich zur Rede zu stellen. Roswitha packte schon ihren Schreibblock aus mit ihren Fragen. Heute sollte er ihr nicht entkommen! Der Professor drückte Roswitha auch tatsächlich die Hand und grüßte sie freundlich, aber dann war er auch schon wieder verschwunden, im Gehen noch etwas Unverständliches murmelnd, bevor Roswitha auch nur einen Ton herausgebracht hatte.

Der Körper braucht Ruhephasen, um wieder aufzutanken. Die Nacht gehört der Erholung. Im tiefen Schlaf setzen wir die Energie für Heilungsprozesse frei. In der Ruhe der Nacht können die Zellen arbeiten. „Der innere Arzt kann nicht arbeiten, wenn der Mensch nie zur Ruhe kommt und permanent zu wenig schläft", macht Toni deutlich. Das Schlafbedürfnis des Menschen ist individuell. Aber mit regelmäßig nur drei, vier Stunden Schlaf weit nach Mitternacht, weil man die Nächte durcharbeitet oder durchfeiert, kommen die wenigsten Menschen auf die Dauer ohne gesundheitliche Nachteile aus.
Der Schlaf-Wach-Rhythmus wird vom vegetativen Nervensystem gesteuert, das ist der Teil des Nervensystems, das für die unwillkürlich ablaufenden Körperfunktionen wie Herzschlag, Verdauung, Atmung und Schweiß- und Speichelbildung zuständig ist. Mit dem Willen können wir hier also gar nichts ausrichten. Das Nervensystem setzt sich aus zwei Teilen zusammen: Der Sympathikus ist für die Aktivität am Tag zuständig, der Parasympathikus sorgt für die nötige Erholung des Körpers in der Nacht. Im Schlaf kann sich das zentrale Nervensystem also erholen, die Ruhephase schützt uns vor Erschöpfung. Während wir schlafen, sind die Körperfunktionen herabgesetzt, der Puls flacht ab, der Atem wird ruhig, das Bewusstsein ist ausgeschaltet. Am Morgen wachen wir erholt auf.

Es sind die kleinen Dinge, die uns wieder zurück in unsere Mitte führen. Aber jedes einzelne hat eine große Bedeutung. Auch das, dem wir uns im wahrsten Sinne des Wortes im nächsten Kapitel zuwenden.

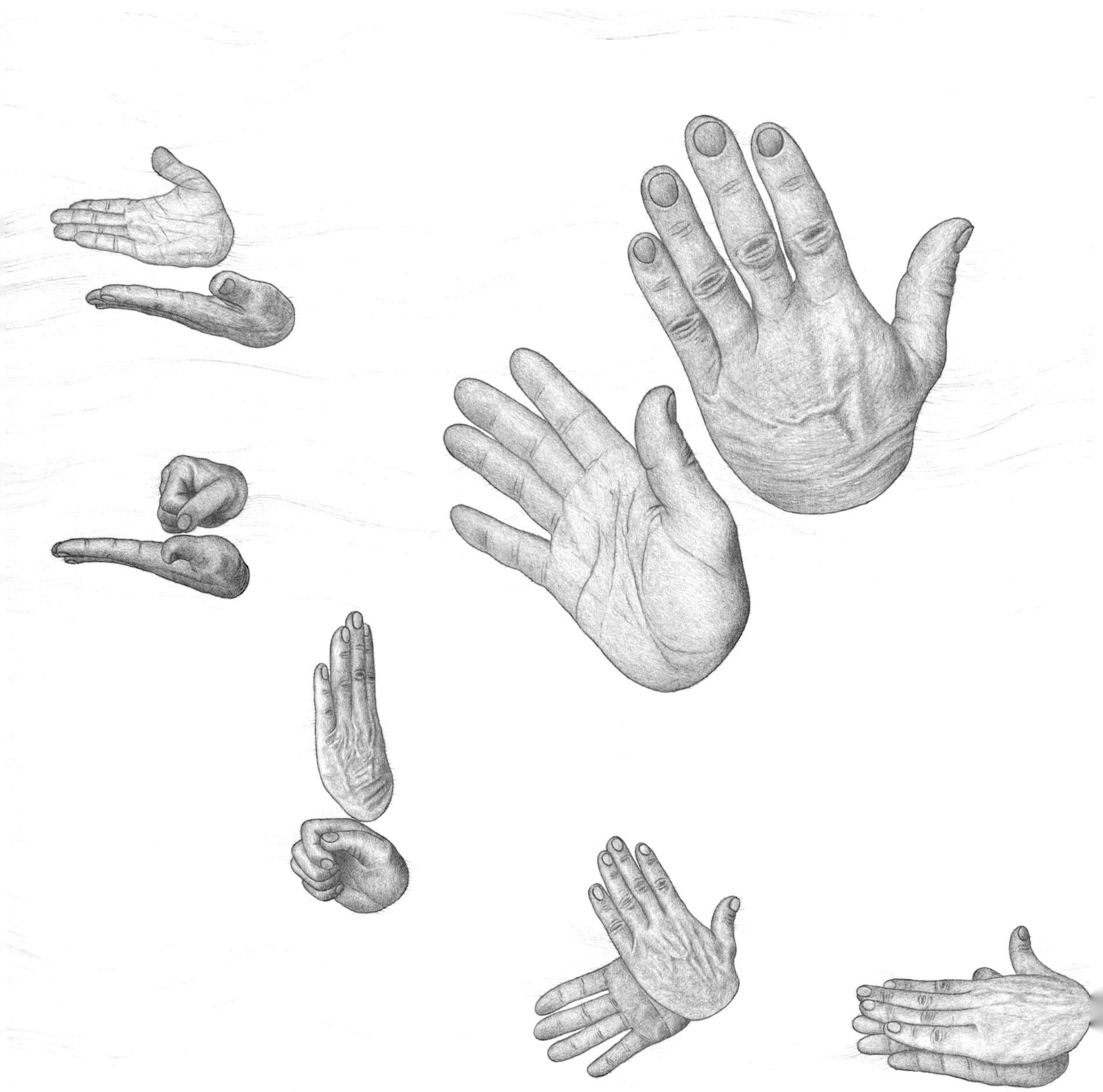

Zuwendung

„Fehlt die Liebe,
wird das Herz eng"

Zuwendung

Kennen Sie dieses Anlehnen-Dürfen, dieses Gefühl von Glück und Geborgenheit? Toni wird nachdenklich: „Mit 18, 19 Jahren wollte ich mich immer anlehnen, aber vielleicht braucht man, wenn man älter wird, mehr denn je eine Hand, die einen hält. Oder jemanden, der einem einfach einmal in den Arm nimmt. Jemand, der einem über den Kopf streichelt und einem erklärt, dass er einen mag. Dass man okay ist, wie man ist und wichtig in seinem Leben."
Diese Zuwendung fehlt heute vielen Menschen. Dabei ist sie das einzige Wahre, dafür setzt man seine ganze Energie ein. Der Mensch kämpft immer um Anerkennung und damit schlussendlich um Liebe. Und wenn er sie zu Hause nicht mehr bekommt, geht er am Abend ins Gasthaus und holt sich die Anerkennung bei den Freunden. Sofern er noch welche hat.
So viele sitzen alleine daheim und denken darüber nach, wie sehr ihnen die menschliche Zuwendung fehlt. Der eine tröstet sich mit einer Flasche Wein über seine Einsamkeit hinweg, der andere sucht Trost bei einer Tafel Schokolade.
„Wenn wir diese Einsamkeit spüren, spüren wir etwas, das wir nicht greifen können. Gedanken kann man auch nicht spüren oder messen", erklärt Toni und fährt fort: „Aber ein Gedanke wird irgendwann zum Wort und dieses Wort zur Tat. Die Folgen von negativen Gedanken können wir täglich in den Medien beobachten. Aber statt sie zu zerstörerischen Taten werden zu lassen, können wir sie ins Positive kehren. Wenn wir das nicht tun, werden wir mit der Zeit sehr, sehr roh. Und so gehen wir dann mit uns und unseren Mitmenschen um." Aber die Streicheleinheiten, die wir uns so sehnlich wünschen, werden wir auf diese Art erst recht nicht kriegen.
Babys können ohne die zärtliche Zuwendung einer Bezugsperson nicht überleben, selbst wenn sie gefüttert und gewickelt werden. Das haben Wissenschaftler schon lange herausgefunden. Kein Mensch kann auf Dauer ohne Zuwendung und Nähe leben, er verkümmert seelisch und emotional. Wie riesengroß das Bedürfnis nach Zweisamkeit oder zumindest Zugehörigkeit ist, zeigt sich auch am boomenden Markt von Kontaktbörsen im Internet und Kontaktanzeigen in Zeitungen und Magazinen.
Die Millionen von Alleinstehenden, die auf die Zuwendung von einem Partner verzichten müssen, müssen schauen, wie sie auf andere Art zu ihren Streicheleinheiten kommen. Sei es, dass sie beim Hören von Musik seelisch auftanken oder beim Spazieren in der Natur. Oder sei es, dass sie sich von der Kunst inspirieren lassen oder sich je nach persönlichem

Interesse für einen gemeinnützigen Zweck einsetzen. Das fehlende Gegenüber, das zugewandte „Du", können solche Aktivitäten aber nicht ersetzen. Manchmal würde schon ein Gespräch helfen. Wir alle kennen die Situation, wenn wir am Abend nach der Arbeit noch schnell etwas einkaufen wollen und vor uns in der Warteschlange an der Kasse ein älterer Mensch steht. Wie ungeduldig reagieren wir, wenn er die Kassiererin in ein Gespräch verwickelt, weil wir nicht warten und so schnell wie möglich nach Hause wollen. Für den Mann oder die Frau vor der Kasse ist es vielleicht der einzige menschliche Zuspruch an diesem Tag. Wir haben keine Zeit mehr miteinander zu reden. Wir haben auch keine Zeit mehr, uns einander in herzlicher Weise zuzuwenden. Toni: „Es muss nicht die Oberschmuserei sein, aber bei uns fehlt die südländische freundschaftliche Art, einander seine Anerkennung zu zeigen und auch zu zeigen, dass die Familie zusammengehört. Nicht mehr und nicht weniger; einfach dieses bisschen Anlehnen."

Wer glücklich verheiratet ist und in einer harmonischen Lebensgemeinschaft lebt, der kann sich wahrlich glücklich schätzen. Er bekommt Nähe, Zärtlichkeit und Streicheleinheiten geschenkt. Wenn man sich die Zuwendung, das ehrliche Interesse aneinander und die Liebe auch noch über die Jahre hinweg erhalten kann, dann ist das ein besonderes Geschenk. Von wie viel Liebe und Respekt zeugt doch die Liebeserklärung eines Mannes an seine Ehefrau, die nach vier Geburten vier Kilo mehr wog als zur Zeit des Kennenlernens: „Du bist zwar nicht mehr ganz so schlank, aber ich liebe jedes Gramm an dir!"

Zwischen Kopf und Bauch gibt es ein Gefühl. Toni: „Die Seele ist in jeder Zelle. Da, wo wir unsere seelischen Verletzungen erleiden, da, wo das Selbstwertgefühl dauernd niedergemacht wird, da werden wir mit der Zeit krank." „Die Seele aufbrechen", nennt Toni die Momente, wenn er die Kopfmenschen in seinen Veranstaltungen mit Klangerlebnissen von der CD konfrontiert. Dann lässt er „seine" Seminarteilnehmer für eine Viertelstunde einfach mal ruhig dasitzen, die Augen schließen und ihre Gedanken fließen. „Die Schwingungen der Musik treffen viele mitten in die Seele, lassen die gestauten Gefühle aufbrechen." Manch einer muss dann die Tränen hinunterschlucken, wenn ihn die wieder aufkeimenden Gefühle übermannen.

Es ist ein trauriges Bild, wenn man am frühen Morgen auf dem Weg zur Schule oder zur Arbeit an einer Bushaltestelle vorbeifährt und die Menschen mit hängenden Gesichtern dastehen sieht. Sie grüßen einander

kaum. „Stellen Sie sich einmal die Reaktion vor, wenn ein kleiner Hund mit hängenden Ohren an Ihnen vorbeiginge, den Schwanz zwischen die Beine geklemmt, und Sie sehen, der hat Angst, der ist traurig. Den kleinen Hund würden Sie streicheln und trösten. Genauso müsste man die traurigen Menschen in der Schlange streicheln und trösten. Sie sind traurig, es geht ihnen schlecht. Das ist die berühmte Morgendepression", sagt Toni.
Und dann kommt man ins Büro und hat einen Kollegen, der lacht schon am Morgen um acht und ist richtig gut drauf. Der andere hingegen braucht mindestens zwei Stunden, bis seine Morgendepression verflogen ist. Und als normaler Mensch fühlt er sich erst, wenn er drei Tassen Kaffee getrunken hat. Vorher ist er kaum ansprechbar.
Anstatt sich über ihn zu ärgern und mit den anderen Kollegen in der Pause leise zu schimpfen, könnte man sich diesem traurigen Menschen vielleicht einmal zuwenden. Vielleicht könnte man mit ihm sogar eine Bergtour machen und sich ausgiebig mit ihm unterhalten. Dabei könnte man entdecken, dass er eigentlich ein ganz sympathischer Mensch ist. Und man könnte verwundert feststellen, wer sich hinter diesem stillen, scheuen Menschen verbirgt und was sein Schicksal ist, das er so klaglos erduldet und worüber er nie etwas verlauten lässt. Man fällt so vorschnell ein Urteil über einen Menschen, von dem man so wenig weiß.
Es würde uns nicht schaden, wieder toleranter zu werden und den anderen zu akzeptieren. Auch wenn er Fehler macht oder wir ihn vielleicht nicht besonders mögen. „Wie bei Blumen; jede ist einzigartig. Es wäre schade, wenn es sie nicht gäbe", philosophiert Toni.

Die Fitnesswochen sind keine Therapiewochen. Aber wer irgendwo Schmerzen oder massive Verspannungen verspürt, für den finden Toni und Tino zwischen Bewegung und Ruhephasen immer Zeit für eine kurze Massage. Und wem etwas auf die Stimmung drückt, dem steht Marietta sofort zur Seite. Ihrem aufmerksamen Auge entgeht kein trauriger Blick und kein besorgtes Seufzen. Toni, Marietta und Tino sind ein perfekt eingespieltes Team, in dem jeder seine Aufgabe mit viel Einfühlungsvermögen erfüllt. Toni spürt die Stimmung in einer Gruppe intuitiv. Er besitzt die bemerkenswerte Gabe, aus einem Haufen von Individualisten innerhalb kürzester Zeit eine verschworene Gruppe zu bilden. Egal ob Manager oder Hausfrau, ob Spitzensportler oder Hobby-Jogger, spätestens am zweiten Tag in der Fitnesswoche duzen sich alle und unterstützen einander gegenseitig. Es gibt keine Einzelkämpfer und jeder anerkennt die Leistung des anderen und freut sich für ihn. Diese menschliche Zuwendung ist Nahrung für die Seele, auch sie ist ein wesentlicher Punkt, der uns zurück zu unserer Mitte bringt.

Toni Mathis verwirrt die Öffentlichkeit ...
Akupunktur-Methode für Gelenke der „Adler
Im Land des Fitneß-Gurus
Der Therapeut
Der Jubel kennt keine Grenzen.
‚Motivationspyramide' als Geheimwaffe
Massieren, Stretching und Himmelstiege ...
Vollgas mit Toni
Die »goldene Hand
Grenzenlos ist nur der Geist
Fitneß durch Heavy-Hand
Bruno dankt Mathis
TANKEN BEI TONI
Hanni Wenzel gibt nicht auf - pausenlos beim Wunderheiler
Wunderstift beflügelt die «roten Adler»
Regeln der Natur anerkennen
IN BESTEN HÄNDEN
Die Lust
Sportstars pilgern nach Feldkirch
Treppe
einen „Arzt"
DER KRAFTSPENDER
Der bewegte Mann
Der Gesundheits-Rebell

Eindrücke und Aussagen

„Toni Mathis ist ein
Mosaiksteinchen im großen Bild
vom Unwohlsein
bis zur Wiederherstellung"

Alexander Wurz

Formel-1-Stammfahrer im Williams-Team

Es war im Jahr 1993, Toni Mathis leitete das Fitnesstraining beim Formel-3-Team, als Alexander Wurz ihn kennen lernte. Sein sagenhafter Ruf war dem Sporttherapeuten Toni Mathis vorausgeeilt, der junge Formel-3-Pilot hatte schon von ihm gehört, ihn aber bis dahin noch nicht persönlich kennen gelernt. „Nach den ersten Minuten war für mich klar, dass Toni ein wahnsinniges Verständnis für körperliche Fitness hat. Aber er hatte ein noch besseres Verständnis für Körper und Geist, eine für mich tolle Kombination", erzählt der Autorennfahrer 14 Jahre später. „Für einen aufstrebenden Sportler wie mich war es wichtig, sich in kurzer Zeit geistig zu entwickeln. Ich habe von Toni viel gelernt."

Alexander Wurz gilt nicht umsonst als einer der körperlich fittesten Formel-1-Fahrer. Toni Mathis hat in den ersten Jahren von Alexanders Rennkarriere intensiv mit dem damaligen Jungstar an dessen Kondition gearbeitet. „Am Anfang war es brutal streng", erzählt Alexander Wurz, „aber bei Toni trainiert man immer mit viel Spaß und Freude."

Die harte Arbeit lohnte sich. 1996 wurde Alexander Wurz als jüngster Sieger aller Zeiten bei den 24 Stunden von Le Mans gefeiert, im selben Jahr testete er erstmals ein Formel-1-Auto des Sauber-Teams, 1997 stieß er dann als Testfahrer zum Benetton-Team und gab im gleichen Jahr in Montreal sein Formel-1-Debüt beim Grand Prix von Kanada. Es schien, als könne nichts den Aufstieg des Formel-1-Piloten stoppen. In den folgenden Jahren startete Alexander Wurz erfolgreich für Benetton. Toni Mathis war im Hintergrund als Trainer immer dabei und sorgte dafür, dass der Spitzensportler körperlich und mental optimal in Form war.

Das Jahr 2000 sollte allerdings weniger erfolgreich für Alexander Wurz werden. Der Formel-1-Pilot ist ein Outdoor-Freak. Zu seinen Leidenschaften gehören neben dem Automobilsport auch Sportarten wie Klettern, Mountainbiken, Kitesurfen und Motocross. Sportarten also mit einem hohen Verletzungsrisiko. Beim Motocrossfahren passierte es: Nach einem Sprung mit der schweren Maschine stürzte Wurz und verletzte sich schwer am Knie. Eine Katastrophe. Der Unfall durfte auf keinen Fall publik werden, denn in zehn Tagen sollte der Autorennfahrer am Nürburgring an den Start

gehen. Toni Mathis war sofort zur Stelle und handelte. Ohne dass etwas nach draußen drang fand er einen Arzt, der eine Computertomographie machte. Das Kreuzband war gerissen, Alexander Wurz' Knie musste operiert werden. Die Zeit eilte. Der Erguss im Knie musste nach der Operation so schnell wie möglich abklingen, denn wenn das Knie durch Wasser blockiert wäre, würde Alexander Wurz das Rennen in zehn Tagen nicht fahren können. Einmal mehr schaffte Toni Mathis das Unglaubliche. Nach kurzer Ruhezeit und Stabilisation des frisch operierten Knies begann der Sporttherapeut mit der Therapie und einem zielbewussten Training. „Der Muskel darf sich nicht zurückbilden und das Hirn keine Zeit haben zu vergessen, wie der Muskel funktioniert", erzählt Alexander Wurz. Zehn Tage später stieg der Formel-1-Pilot ins Cockpit, als wäre nichts geschehen. Keinem war etwas Ungewöhnliches aufgefallen. Der Arzt, der ihn operiert hatte, staunte, wie schnell Toni Mathis den Sportler nach dieser Verletzung wieder auf die Beine gebracht hatte.
Alexander Wurz und Toni Mathis sind nach wie vor miteinander befreundet, auch wenn sie sich nicht mehr so regelmäßig sehen wie früher. „Aber wenn gesundheitlich etwas ist, dann rufe ich Toni an", sagt Alexander Wurz, „er ist eine Person, die sich an einem Weg beteiligt und von der man sich ein Stück seiner Erfahrung abschneiden kann. Toni zwingt einem zu nichts, er zeigt nur vor und führt einem das Offensichtliche vor Augen. Erst wenn man das selber spürt, hat man seine Arbeit verstanden."

Reinhard Divis

Nationaltorhüter

„Toni hat mich gerettet", sagt der österreichische Eishockeyprofi, der nach fünf Jahren in Übersee im Sommer 2006 wieder nach Österreich zurückgekehrt ist. Die „Rettung" erfolgte vor acht Jahren, als Divis seinen Verein VEU Feldkirch verlassen und für zwei Saisonen zu Leksand nach Schweden gewechselt hatte. Ein schwerer Bandscheibenvorfall machte dem jungen Profispieler damals das Leben schwer. Die Sitzungen beim Physiotherapeuten brachten keine Erleichterung, aufs Eis konnte er nur noch unter Schmerzen. Es führe kein Weg an einer Operation vorbei, sagten die Schweden damals. So weit sollte es aber dann doch nicht kommen. Ein Freund kannte in der Heimat nämlich einen guten Sporttherapeuten – Toni Mathis – und nahm sofort Kontakt mit ihm auf. So schnell es ging, flog der Rückenpatient Divis in der Folge nach Österreich und suchte Mathis auf. Dieser war sofort für ihn da. „Um 19.00 Uhr bin ich angekommen und noch am selben Tag hat Toni mich zum ersten Mal behandelt", erzählt der Sportler. „Die Bandscheibe drückte auf einen Nerv. Im linken Bein spürte ich nur ein schmerzhaftes Kribbeln bis in die Zehen." Nach einer Viertelstunde unter Tonis Händen war das Kribbeln weg, auch wenn Divis einen gewissen Schmerz und den Druck noch monatelang verspürte. Mathis setzte den Patienten sogleich auf eine Diät mit Gemüsesuppen. „Die Verdauung braucht sonst zu viel Energie. Diese Energie brauchst du jetzt zur Genesung", erklärte er ihm. „Ich bin kein Wunderprediger", machte er dem Sportler außerdem unmissverständlich klar. „Ich kann dir helfen, kann dir den Weg zeigen. Das heißt aber auch, dass du sehr hart trainieren und dich teilweise auch richtig schinden musst. Nur mit Massagen geht es nicht." Tonis Behandlungs-Konzept und die Schinderei auf der gefürchteten Himmelsstiege brachten den Sportler Divis jedenfalls langsam, aber sicher wieder auf die Beine und zu seiner alten Leistungsfähigkeit zurück. „Toni kann man nichts vormachen. Man muss tun, was er sagt, sonst funktioniert es nicht." Inzwischen vertraut Reinhard Divis Toni voll und ganz und befolgt seine Empfehlungen. Dafür ist dieser auch immer für ihn da, wenn er ihn braucht. Das war auch der Fall, als der Sportler, er spielte bereits im Team der National Hockey League (NHL) in den USA, eine weitere schwere Verletzung erlitt. „Ich merkte, dass ich gröber verletzt sein musste", erinnert er sich. Er glaubte nicht daran, dass er in drei bis vier Wochen wieder einsatzfähig sein würde, wie man ihm das in den USA vorausgesagt hatte. Und wieder war es Toni Mathis, der ihm helfen konnte. Divis erzählte ihm, wie die Verletzung zu Stande gekommen war,

und Toni konnte sich sofort vorstellen, was mit dem Körper los war: „Es schaut so aus, als ob es zu feinen Einrissen in der Bauchdecke gekommen ist und damit zu Blutungen. Und die Adduktoren sind wahrscheinlich schwer in Mitleidenschaft gezogen worden." Er, der in neun von zehn Fällen von einer Operation abrät, riet dringend zu einer Computertomographie und anschließender Operation. Aber die amerikanischen Ärzte wollten davon nichts wissen. Reinhard Divis litt Höllenqualen, konnte kaum noch richtig liegen. Als er schließlich zur Behandlung nach Österreich kam, war das verletzte Gewebe bereits so vernarbt, dass es für eine Operation zu spät war. Toni tat alles, um dem jungen Profispieler zu helfen. Fünf Monate war Reinhard Divis schlussendlich „weg vom Fenster", aber dank Therapie und Training überwand er die Verletzung und konnte wieder in alter Form aufs Eis. Noch einmal sollte Mathis für Reinhard Divis zum „Retter" werden, als dieser sich in der Saison 2004/2005 in Amerika eine schwere Schulterverletzung zuzog und deswegen nicht bei der Eishockey-Weltmeisterschaft 2005 in Österreich spielen konnte. Nach der notwendigen Operation begann unter Tonis Regie eine Therapie, die anstatt der üblichen sechs Monate bereits nach vier Monaten erfolgreich abgeschlossen war. „Ich habe vor Toni Mathis großen Respekt", sagt Divis. „Er hilft den Leuten gern. Toni erklärt eine Verletzung so einfach und logisch, dass man ihn auch versteht. Bevor ich in die Staaten wechselte, war die NHL die beste Eishockeyliga der Welt. Hätte ich mich damals in Schweden wegen meines Bandscheibenvorfalls operieren lassen, hätte ich nie einen NHL-Vertrag bekommen!"

Bernd Schneider

Formel-1-Fahrer und fünfmaliger Gewinner der DTM

Die erste Begegnung des Autorennfahrers mit Toni Mathis war im Jahr 1985. Sein damaliger Manager, Werner Heinz, kannte den Vorarlberger Physiotherapeuten vom Formel-1-Zirkus und hatte ihm angekündigt: „Ich komme mit zwei Jungs vorbei, damit die mal gezeigt kriegen, was es heißt, Fitness zu machen!"

Die „zwei Jungs" waren Bernd Schneider und sein Teamkollege bei Ford, Frank Biela, der heute für Audi fährt. So reisten die beiden deutschen Motorsport-Nachwuchshoffnungen Schneider und Biela denn also im blauen Anzug nach Feldkirch zu Toni Mathis. „Wir waren beide sehr jung, haben gegessen und getrunken und ziemlich viel geraucht, ohne uns irgendwelche Gedanken zu machen", erzählt Bernd Schneider im Rückblick. Wie wichtig die richtige Ernährung ist, hat Mathis den beiden jungen Sportlern erst später klar gemacht.

Vorerst aber ließ der Therapeut die beiden gewähren. „Ich lasse euch frühstücken und dann hole ich euch ab", stimmte der Fitnesstrainer Schneider und Biela am Abend auf den kommenden Tag ein.

Die beiden Autorennfahrer frühstückten wie gewohnt. Sie aßen sich vom Buffet so richtig satt, ehe Toni Mathis sie zum Training auf die berühmt-berüchtigte Himmelsstiege in Feldkirch abholte. Beim dritten Aufstieg war es dann so weit: „Dann haben wir unser Frühstück wieder gesehen", erinnert sich Bernd Schneider.

Damit begann der Unterricht, was Fitnesstraining bedeutet und was es heißt, den Körper auf kommende Strapazen und auf mentalen Stress vorzubereiten. Dass dies bedeutet, dass man sich an einen Essplan halten muss und an einen Fitnessplan. Und dass man sieben Tage in der Woche trainieren muss. Bernd Schneider hielt sich jedenfalls die ganze Trainingswoche bei Toni an dessen Vorgaben und stellte als damals 20-Jähriger erstaunt fest: „Es macht einen Riesenunterschied, wie man sich ernährt. Es ist bemerkenswert, was man im Körper anrichtet, wenn man das Falsche isst. Man überlegt sich nachher dreimal, was man ihm zumutet. Vor allem, wenn man auf den Körper angewiesen ist!" Sogar auf die Zigaretten verzichtete Bernd Schneider während dieser Tage bei Toni Mathis, ein Jahr später gab er das Rauchen sogar ganz auf. „Toni klärt einem über Dinge auf, deren man sich vorher nicht bewusst war. Als Sportler kommt man nicht darum herum, schon in jungen Jahren damit anzufangen, diszipliniert mit sich und seinem Körper umzugehen, um erfolgreich zu sein", ergänzt Schneider.

Und Erfolge konnte Bernd Schneider mit seinem neuen Fitness-Konzept in den folgenden Jahren viele verbuchen. 1995, er fuhr bereits für AMG Mercedes, gewann er seinen ersten Meistertitel in der Deutschen Tourenwagenmeisterschaft. Es war aber auch das Jahr, in dem Bernd Schneider seinen Freund Toni Mathis dringend brauchte. „Durch einen unvorhersehbaren Schlag in den Rücken wurde ein Wirbel verschoben. Das war sehr schmerzhaft", so Bernd Schneider. Dank Toni, der den Sportler massiert und mit Akupunkturnadeln behandelt hatte, saß der Rennfahrer jedoch nach nur drei Tagen wieder im Cockpit seines Rennautos.

„Toni entwickelt sich immer weiter. Er probiert die Dinge einfach für sich aus und wenn sie sich bewähren, dann wendet er sie an." Für Bernd Schneider ist es immer ein Highlight, wenn er sich in Tonis Fitnesswochen auf die kommende Rennsaison vorbereiten kann. „Und wenn man Schmerzen hat, dann hilft Toni einem sofort. Man kann immer auf ihn zählen, auch wenn die Ärzte sagen, dass etwas in einer bestimmten Zeitspanne nicht möglich ist", erklärt Bernd Schneider. Der Motorsport-Profi kann heute mit 42 Jahren immer noch sportliche Spitzenleistungen bringen, weil er körperlich fit ist. Abschließend macht Bernd Schneider seinem langjährigen Freund Toni ein schönes Kompliment: „Ich habe Toni immer geschätzt, weil er stets ehrlich ist und zu einem steht. Er war als Freund immer auf meiner Seite, ob in guten oder schlechten Zeiten."

Dr. med. Christian Schenk

Chirurgie & Sport Sanatorium Dr. Schenk, Schruns

Christian Schenk kennt Toni Mathis seit bald 30 Jahren, als die Berufskarrieren der beiden unterschiedlichen Männer im österreichischen Vorarlberg ihren Anfang nahmen. Immer wieder haben sich die Wege des prominenten Unfallchirurgen und des nicht minder bekannten Sporttherapeuten seither gekreuzt. Der Arzt respektiert Tonis Arbeit, das Verhältnis war immer geprägt von gegenseitigem Respekt. Christian Schenk weiß einige Anekdoten aus der Zeit zu erzählen, als der ungestüme junge Physiotherapeut Toni Mathis noch als Schrecken eines jeden „seriösen" Schulmediziners in der Gegend galt. „Wie ein Schwert im Raum war der Name Toni Mathis für die Ärzte", erinnert sich der Mediziner an damals, als er ein Praktikum im Krankenhaus Feldkirch machte. Christian Schenk kann heute darüber lachen, wenn er Begebenheiten wie diese erzählt: „Da kam ein Mann mit einem Wadenmuskelriss und Schmerzen in den Untersuchungsraum für Frischverletzte und erklärte dem Dienst habenden jungen Facharzt mit Bestimmtheit, dass der Toni Mathis gesagt habe, welchen Verband er brauche. Klar, dass der Arzt darauf ziemlich ungehalten reagierte. Er, ein gestandener Tiroler, stand auf, ging zur Tür, riss sie auf und ließ lautstark verlauten: ‚Hier hat der Zimmermann die Tür gemacht. So lange ich hier bin, bestimme ich, was hier geschieht!'"

Christian Schenk erinnert sich auch noch lebhaft daran, wie ein Aufschrei der Empörung durch die damals konservative Ärzteschaft ging, als Toni Mathis als Erster anfing, Knieverletzten den Gipsverband bereits nach wenigen Tagen „runterzureißen" und sie zum Training auf die Himmelsstiege zu schicken. So geschehen bei der österreichischen Fußball-Legende Hans Krankl, der bei der Fußballweltmeisterschaft 1978 in Argentinien das entscheidende dritte Tor zum legendären 3:2-Sieg über Deutschland erzielte. „Krankl hatte nach einem Seitenbandriss im Knie einen Gipsverband bekommen, den er fünf bis sechs Wochen hätte tragen sollen. Das war damals die gängige Therapie", erklärt Christian Schenk. Toni Mathis hatte seine eigenen Ideen und setzte diese durch. Sehr zum Missfallen der Mediziner. Auch der Nationalspieler Bruno Pezzey hatte seinen Gipsverband nach einem Wadenbeinbruch nach kurzer Zeit wieder los und trainierte, weil Toni das so angeordnet hatte. Im Nachhinein zeigte sich, dass Toni Mathis mit seinen ungewöhnlichen Methoden Recht hatte. „Toni war seiner Zeit voraus", erklärt Christian Schenk. „Heute wird kein Gipsverband mehr angelegt und das verletzte Gelenk soll möglichst früh wieder gezielt belastet werden." Christian Schenk war einer der ganz wenigen Mediziner zu jener Zeit, die Tonis Arbeit respektierten. Er war offen genug, auf Grund dessen Erfolgs zu handeln, und änderte daraufhin auch seine Operationstechnik am Knie. Den Ausschlag dazu gaben vor allem zwei spektakuläre Behandlungs-Ergebnisse von Mathis, die in der Öffentlichkeit als Sensation gefeiert wurden. Im Jahr 1981 hatte er die liechtensteinische Skirennläuferin Hanni Wenzel nach ihrem Kreuzbandriss mit seiner Methode innerhalb von nur sechs Wochen wieder so weit hergestellt, dass sie den WM-Slalom bestreiten konnte. Drei Jahre später verhalf er dem Vorarlberger Skirennläufer Marc Girardelli, der für Luxemburg startete, trotz aller Unkenrufe der Ärzte zu neuen Siegen. Marc Girardelli war bei insgesamt fünf Unfällen so ziemlich alles im Knie gerissen, was überhaupt möglich war, zum Teil sogar mehrfach. Die Ärzte in Wien hatten den jungen Sportler bereits als Sportkrüppel abgestempelt. Aber so weit kam es nicht. In Vail in den USA gab es den heute noch praktizierenden Orthopäden Dr. John Richard Steadman. Noch heute kommen Sportler aus aller Welt zu ihm, um ihre Sportverletzungen von ihm behandeln zu lassen. Auch der Skirennläufer Marc Girardelli ließ sich damals von Richard Steadman operieren, nachdem er sein Knie bei einem Rennen in den USA zum wiederholten Mal schwer verletzt hatte. Auf Geheiß des Operateurs begann Marc Girardelli sein Knie schon bald nach der Operation wieder zu bewegen. Richard Steadman war ein Trendsetter. Er nähte die gerissenen Kreuzbänder auf eine ganz neue Art zusammen und empfahl seinen Patienten ganz entgegen der damals gängigen Lehrmeinung eine frühe Belastung des Gelenkes. Als Marc Girardelli zur Nachbehandlung ins Krankenhaus Feldkirch gekommen war, runzelte der ältere, routinierte leitende Arzt jedenfalls die Stirn und meinte: „Wenn das nur gut geht!" Es sollte gut gehen. Marc Girardelli kam zur Nachbehandlung zum Physiotherapeuten Toni Mathis und dieser trug das seine dazu bei, das scheinbar Unmögliche möglich zu machen – selbstverständlich wieder einmal sehr zum Missfallen gewisser Mediziner. Marc Girardelli konnte jedenfalls an seine alten Erfolge anknüpfen und gewann den Gesamtweltcup in der Folge noch einige Male. Das hatte den Unfallchirurgen Christian Schenk zum Nachdenken gebracht:

„Bei einem solchen Ergebnis auf Grund der funktionellen Nachbehandlung, der Bewegung, fühlt man sich als Operateur gepusht. Da musste ich mir überlegen, wie ich die Bänder besser zusammennähen kann, damit sie der Belastung Stand halten." Daraufhin änderte Christian Schenk seine Operationstechnik und attestierte dem Sporttherapeuten Toni Mathis: „Das, was du mit der Hanni und dem Marc gemacht hast, hat mir gezeigt, was möglich ist." So fiel das Zusammenspiel zwischen Operateur und Therapeuten schlussendlich auf fruchtbaren Boden, zum Vorteil unzähliger späterer Patienten.

Heute haben Arzt und Therapeut zwar beide ihre eigene Klientel, aber in manchen Fällen arbeiten sie auch zusammen. „Toni stabilisiert zum Beispiel einen angeknacksten Wirbel, nach drei bis vier Wochen lässt sich der Patient dann beim Arzt checken." Toni Mathis war im Sport immer richtungweisend und erfolgreich. Christian Schenk anerkennt dessen intuitive Seiten. „Toni Mathis denkt immer an Alternativen. Darin ist er meisterhaft. Er sucht immer das Bessere für einen Patienten. Er ist im positiven Sinn ein Exot." Toni Mathis sei wie ein Mosaiksteinchen im großen Bild vom Unwohlsein bis zur Wiederherstellung, sagt der Arzt. Ein Steinchen, das sich perfekt in das Mosaik einfügt.

Bruno Spengler

DTM-Fahrer

Im Februar 2003 trainierte Toni Mathis das Mercedes-Team wie jedes Jahr in einer Fitnesswoche in Gaschurn. Mit dabei war damals erstmals auch der Franko-Kanadier Bruno Spengler, Formel-3-Nachwuchspilot im Förderprogramm von Mercedes. Der junge Fahrer brachte so gute Leistungen, dass er im Jahr 2004 ins B-Team aufstieg und im Jahr darauf sogar ins A-Team wechseln konnte. Dafür bedankte sich Bruno Spengler bei seiner Mannschaft 2006 gleich mit dem Vize-Meistertitel in der Deutschen Tourenmeisterschaft.

Bruno Spengler war 2003 in Gaschurn so begeistert vom Sporttherapeuten Toni Mathis und dessen Training, dass er seither jedes Jahr ein- bis zweimal eine solche Trainingswoche besucht. „Die Balance zwischen hartem Training und Ruhepausen finde ich ganz toll. Diese ausgewogene Mischung zwischen körperlicher Anstrengung und mentaler Seelenarbeit ist gerade in der Rennsaison sehr wichtig für uns Rennfahrer." Gesundheitlich hat Bruno Spengler bis heute Gott sei Dank keine nennenswerten Probleme gehabt, bei denen er Tonis Unterstützung gebraucht hätte. Aber er hat beim Sporttherapeuten außer Disziplin beim Training auch gelernt, wie wichtig eine gesunde, ausgewogene Ernährung für Topleistungen in seinem Beruf ist, wo einem im Rennen alles abverlangt wird. „Kohlenhydrate aus Pasta und Salat und weißes, statt rotes Fleisch. Das sind Dinge, auf die ich heutzutage auf Anraten von Toni achtgebe." Wenn man seine bemerkenswerten Leistungen in den vergangenen Jahren mitverfolgt hat, scheinen die Ratschläge von Toni bei Bruno Spengler ins Schwarze getroffen zu haben. Inzwischen sind der junge Rennfahrer und Tonis Sohn Tino gute Freunde und Bruno Spengler ist ein festes Mitglied der „Fitness-Familie" geworden.

Christina Surer

TV-Moderatorin, Rennfahrerin und Model

Christina Surer ist eine viel beschäftigte, äußerst erfolgreiche junge Frau. Toni Mathis begegnete ihr Anfang der neunziger Jahre erstmals. Sie war damals mit dem ehemaligen Schweizer Formel-1-Piloten Marc Surer, Rennleiter bei BMW, verheiratet. So kam Christina Surer zum Motorsport, wo der Physiotherapeut aus Vorarlberg ein begehrter Trainer und Masseur war. Der Rennsport faszinierte die junge Schweizerin dermaßen, dass sie 1994 ihr Glück selbst versuchen wollte und ihre ersten Kart-Rennen bestritt. Von da an war sie vom Rennvirus infiziert; inzwischen hat Christina längst eine eigene Rennlizenz und fährt den Seat Leon Supercopa im Rahmen der Deutschen Tourenwagenmeisterschaft.

So kannte sie Toni Mathis zwar von den Rennplätzen der Welt, hatte aber nie näher mit ihm zu tun. Das änderte sich im Jahr 2001, als die Rennfahrerin bei einem Kart-Rennen verunglückte und sich eine schwere Schulterverletzung zuzog. Toni Mathis bot Christina an, sie solle doch zu ihm zur Therapie kommen, wenn sie sich während der Rennwochenenden auf den Rennplätzen trafen und sie wieder unter Schmerzen litt.

Eineinhalb Jahre später wurde eine Operation trotzdem unumgänglich. Die Verletzung, die Operation und die immer wiederkehrenden, schweren Migräneanfälle, die Christina seit ihrer Kindheit plagen, veranlassten Toni, die Sportlerin aufzufordern, an einer seiner Fitnesswochen teilzunehmen.

So kam Christina Surer 2004 erstmals nach Gaschurn. Hier hatte sie eine ganze Woche Zeit für sich, fernab von jedem Rummel.

Christina war überrascht. Sie, die gelernte Arzthelferin, hatte erwartet, dass sie hier in Vorarlberg erst einmal einen Belastungstest absolvieren müsste und ihr Blut zur Untersuchung abgenommen würde. Aber nichts dergleichen geschah. Stattdessen gab es Meditation, Kräutertee und gezielte Bewegung.

Als sie das erste Mal morgens auf dem Schemel saß und sich auf ihren Atem konzentrierte, wurde ihr schwindlig und schlecht. Am zweiten Tag hatte sie einen „wahnsinnigen" Migräneanfall. „Überlege dir, was du eigentlich mit deinem Körper machst und überdenke deine Ernährung", sagte Toni ohne Umschweife. „Es kann unangenehm werden, wenn Toni einem verbal genau am entscheidenden Punkt trifft", erzählt Christina. „Toni macht uns durch einfache Sachen bewusst, was nicht stimmt. Er gibt uns Impulse, führt uns in die richtige Richtung, aber machen müssen wir es immer selbst."

Mathis konnte Christinas Migräneanfälle zwar nicht ganz aus der Welt schaffen, aber er konnte mit einer speziellen Therapie kurzfristig für Erleichterung sorgen.

„Toni hat außerordentliche Fähigkeiten, die man nicht erklären kann. Man kann sie nur erleben. Er hat goldene Hände." Normalerweise hält sie sich im Alltag im Großen und Ganzen an die Empfehlungen des Sporttherapeuten und Ernährungsspezialisten, aber manchmal isst auch sie Pommes oder treibt zu wenig Sport. „Aber dann denke ich an Toni und seine Auffassung, dass jede Krankheit einen Ursprung hat."

Mittlerweile ist Toni Mathis für Christina zu einem verlässlichen Freund und Berater geworden. Im aufregenden Leben im Motorsport ist er ihr ruhender Pol. Die schnelle Schweizerin erklärt: „Wenn der Trubel um mich wieder einmal zu groß wird und mir etwas auf dem Magen liegt, dann gehe ich zu Toni."

FURIOSO Roland Ott

Künstler

Kreativität bestimmte sein Leben schon, bevor aus Roland Ott „Furioso" Roland wurde. Als Konditor mit dem Meistertitel mit Auszeichnung zauberte er früher kunstvolle Torten und Pralinen, heute formt er Kunstwerke mit Bleistift und Farben. 27 Jahre jung war der Österreicher, als er auf einem luxuriösen Kreuzfahrtschiff anheuerte, um das anspruchsvolle Publikum mit seinen süßen Kreationen zu verwöhnen. Sieben Monate dauerte die Reise um die halbe Welt. Sieben Monate, während denen er vom Mord bis hin zur absoluten Liebesgeschichte alle Facetten des menschlichen Lebens kennen lernte. Die Erfahrung reichte für die Erkenntnis, dass er für diesen Stress und Druck nicht auf die Welt gekommen sei. Er arbeitete noch vier Jahre weiter als Konditormeister, bis er 1992 von einem Tag auf den anderen beschloss, aus seinem Beruf auszusteigen, und eine Karriere als freischaffender Künstler begann. Seine Affinität zur Satire und Karikatur sowie seine kritische Haltung, Bestehendes in Frage zu stellen, wiesen ihm seinen Weg. Zeichnen ist die ursprünglichste Form des Ausdrucks, wenn die Sprache versagt! Furioso Roland hatte seine Passion gefunden. Seine Lehrer suchte er sich in Museen und in Büchern, sukzessiv eignete sich der Autodidakt seine Technik an. Seit 14 Jahren zeichnet der Künstler nun schon mit Wut im Bauch gegen die Welt an. Aus dieser Wut wurde auch sein zweites Ich, der Künstler „Furioso", was im Italienischen „wütend" bedeutet, geboren. In diesen Jahren des besessenen Zeichnens und der Selbstfindung entwickelte sich Furioso Roland Ott zunehmend zu einem Kopfmenschen. Bis zu Weihnachten 2003 der Körper seinen Dienst versagte. Durch die vielen nächtlichen Zeichenexzesse, gebückt am Tisch, hatten sich alle Muskeln komplett verhärtet. „Mein Körper war zu Stein geworden." Es gab nur einen Menschen, von dem er sich in

dieser Situation Hilfe erhoffen konnte: Toni Mathis, ein Freund der Familie Ott. Und der nahm Roland unter seine Fittiche. Abwechselnd massierten Mathis und Sohn Tino die Muskeln wieder weich, die Himmelsstiege in Feldkirch schickten sie ihn alleine hinauf. Dreimal, viermal, fünfmal... immer wieder. „Geh mal!", befahlen sie ihm. Das war Furioso Rolands Rettung. „Die letzte", wie Toni ihm nachträglich klar machte, und dann nahm er den wieder Genesenen gleich mit auf die Fitnesswoche nach Gaschurn. Das war im Frühjahr 2004. Diese fünf Tage bedeuteten für Furioso Roland ein Schlüsselerlebnis. Der besessene Zeichner erkannte: „Dass ein gesunder Geist nur in einem gesunden Körper wohnen kann!" Ein besonderes Erlebnis war für Roland in diesen Tagen, wie alle Anwesenden ihren Egoismus und ihre Egozentrik ablegten und von Toni buchstäblich auf den Boden der Tatsachen zurückgeholt wurden. „Egal, was du hast, wer du bist, was du scheinst – wir gingen alle gemeinsam einen Weg, zu Fuß." Für Furioso Roland war es wie eine Wiedergeburt. Er hat gelernt, dass alles im Leben ein Ausgleich sein kann. „Alles, was wir sind, ist die Summe unseres Denkens! Wir formen unsere Welt im Schmerz und in Freude. Jeder Gedanke ist ein Kristall in deinem Körper!", lautet die Philosophie des Menschen und Künstlers Furioso Roland Ott, nach der er heute lebt.

Heinz Kinigadner

Motocross-Weltmeister und Mitbegründer von „Wings for life"

Heinz Kinigadner ist jemand, der seinen zahllosen Verletzungen und Schicksalsschlägen immer getrotzt hat, der zweimal (1984 und 1985) bis zum Weltmeistertitel im Motocross hinaufflog und den die Schwerkraft im Sport und im Leben so oft auf den Boden zurückholte, dass ein anderer wohl schon längst aufgegeben hätte. Dass er und seine beiden Brüder Hansi und Klaus Motocrossfahrer werden sollten, stand bereits in der Kindheit fest. Heinz als mittlerer der drei Brüder brachte es als Profi am weitesten. 1979 und 1980 war er jeweils zweifacher österreichischer Motocrossmeister in allen Klassen und errang auch die ersten Weltmeisterschaftspunkte. Dass Heinz Kinigadner ab da nicht mehr zu bremsen war, hat auch mit Toni Mathis zu tun. Anfang der 80er Jahre hatten sich Heinz und Toni an der Motocrossstrecke am Feldkircher Montikel kennen gelernt. Toni Mathis betreute damals sporadisch auch die Motorradprofis, vor allem als Aufbautrainer und Rehatrainer nach Verletzungen. Für Heinz Kinigadner wurde Toni Mathis nach seinen Österreich-Erfolgen zum Rundumbetreuer, dem es vor allem gelang, den jungen, ehrgeizigen Motocrossprofi mental auf die künftigen Weltmeisterschaftserfolge vorzubereiten. Als es eng wurde, zog sich Mathis vor dem letzten WM-Rennen in Finnland mit ihm in die finnischen Wälder zurück und mit Leben im Blockhaus, fern von jeder Zivilisation und allen Ablenkungen, unterzog er Kinigadner einem einwöchigen Trainingsprogramm, das dann auch entsprechend Früchte zeigte: Im August 1984 errang Heinz Kinigadner seinen ersten WM-Titel in der 250er-Klasse. Wenige Wochen später der Tiefschlag: Der große Bruder Hansi stürzt auf der KTM-Hausstrecke in Höhenhart (Oberösterreich) so schwer, dass er zeitlebens im Rollstuhl sitzen wird. Nach diesem familiären Schicksalsschlag stellt Heinz Kinigadner sein Motorrad erst einmal in die Ecke. Da Motorradfahren jedoch eigentlich sein Leben ausmacht, bestritt er im Februar 1985 wieder ein WM-Rennen in Südafrika. Aufgrund von vier Monaten Trainingsrückstand mit erbärmlichem Resultat. Bis zum nächsten WM-Rennen im April 1985 war der Rückstand aber wieder aufgeholt. Mit eisernem Willen, viel Training und mit der Unterstützung durch Toni Mathis, der ihn auch diesmal „aus dem Verkehr zog", schaffte Heinz Kinigadner die Aufholjagd und gewann im Sommer 1985 seinen zweiten WM-Titel im Motocross. Danach trennten sich vorerst ihre Wege, Mathis begann seine Tätigkeit in der Formel 1, während Heinz Kinigadner nach einigen ernsthaften Verletzungen 1988 seine Motocrosskarriere endgültig beendete, um anschließend aufs Adventure-Motorrad zu steigen und für KTM bis 2000 zahllose Rallyes auf der ganzen Welt zu fahren. Seit 2000 fährt Heinz

Kinigadner nur noch hobbymäßig, im Hauptberuf ist er nun Sportmanager bei KTM. Und dann ein weiterer Schicksalsschlag für Heinz Kinigadner. 2003 stürzte sein 19-jähriger Sohn Hannes bei einem Benefiz-Motocrossrennen so schwer, dass auch bei ihm eine Querschnittlähmung zurückbleibt. Dass sein Sohn für sein restliches Leben an den Rollstuhl gefesselt sein soll, ist für Vater Heinz undenkbar: „Auch eine Querschnittverletzung wird eines Tages heilbar sein, ob in fünf oder in 35 Jahren, das kann niemand sagen. Aber ich bin hundertprozentig davon überzeugt." Bis dahin will sich Heinz Kinigadner aktiv für die medizinische Forschung über Querschnittverletzungen einsetzen. Er gründete 2004 zusammen mit seinem Freund, dem Red-Bull-Chef Dietrich Mateschitz, die Stiftung „Wings for life". Weltweit werden Kontakte zu Medizinern aufgebaut. Innerhalb der Stiftung „Wings for life" forschen mit Jan Schwab und Vieri Failli zwei Koryphäen auf dem neurologischen Sektor. Inzwischen ist erwiesen, dass auch im Rückenmark Nervenzellen nachwachsen können, dass die Zellen aber durch körpereigene Blockerproteine am weiteren Wachstum gehindert werden. Warum die Natur es so eingerichtet hat, ist noch unklar. Klar ist für die Forscher, dass für Querschnittgelähmte eines Tages ein Leben ohne Rollstuhl möglich sein wird. Auch der gelähmte Sohn Hannes glaubt daran und trainiert jeden Tag in der Kraftkammer, absolviert Elektro- und Bewegungstherapien und hält sich mit bewundernswertem Optimismus vor allem mental fit. Darin sind sich Vater Heinz und Sohn Hannes einig: Die wesentlichsten Blockaden, aber auch der Schlüssel zum Erfolg liegen im Kopf. Und so ist auch Toni Mathis wieder zur Familie Kinigadner gestoßen, steht stets mit Rat zur Seite und lässt bei Bedarf seine vielen Kontakte spielen. „Unter dem Strich verfolgen Toni und ich dieselbe sportliche Philosophie", sagt Heinz Kinigadner, „es ist wichtig, in Bewegung zu bleiben, sich nicht einschränken zu lassen, aus dem Unterbewusstsein heraus zu arbeiten – gepaart mit Optimismus und positiven Gedanken. Dann hast du gute Chancen, Weltmeister zu werden... oder eines Tages wieder gehen zu können."

Marque

Musiker

Marque ist ohne Zweifel das, was man einen Vollblutmusiker nennt. „Ich habe noch nie etwas anderes gemacht – und ganz ehrlich: Ich kann auch nichts anderes." Die Bescheidenheit des gebürtigen Feldkirchers Marcus Nigsch (Künstlername „Marque") ist entwaffnend. Zumal wenn durch seine ruhige Art des Erzählens immer die Überzeugung durchklingt, mit der Musik eine weitläufige persönliche Welt für sich entdeckt zu haben. Klavier, Bass, Gitarre, Schlagzeug – die ersten Kenntnisse auf all diesen Instrumenten brachte er sich in jungen Jahren im Musikraum des Internats im Selbststudium bei. Als Jugendlicher besuchte er dann das Jazzseminar in St. Gallen, um sich den musikalischen Feinschliff zu besorgen, und trat danach als Allrounder in Erscheinung. Die Songs von Marque sind nämlich zu 100 Prozent Marque. Er komponiert selbst, singt selbst und spielt alle Instrumente selbst ein. Dafür nahm er als 18-Jähriger einen Kredit auf, um sich im Keller seiner Mutter ein kleines Tonstudio einzurichten. Der Durchbruch kam 1994, als Marque bei Universal Records in Hamburg einen 5-Jahres-Vertrag unterzeichnen konnte, mit allen Freiheiten, seine Musik von A bis Z selbst produzieren zu können. Seine erste Single „Wanna make love to you" landete gleich in den deutschen Charts. Mit seinem zweiten Album „Fonkononia" tourte Marque 1997 mit der Saxophonistin Candy Dulfer quer durch Deutschland. Anfang 2001 erobert der Vorarlberger Marque auch die heimischen Charts mit seiner Single „One to make her happy" und „Electronic Lady". In den österreichischen Airplay-Charts steht „One to make her happy" sogar zehn Wochen lang auf Platz 1, was dem jungen Musiker schließlich im Mai 2001 einen „Amadeus Austrian Music Award" einbringt. Bei der anschließenden, auf fünf Wochen angelegten Deutschland- und Österreich-Tournee zusammen mit den „No Angels" und DJ Bobo schwebt der Vollblutmusiker Marque auf einer musikalischen Wolke 7. „Du bist wochenlang in einer völlig anderen Welt, nimmst fast nichts mehr anderes wahr als Reisen, Soundchecks und Auftritte. Was soll dir jetzt noch passieren?"

Ein Unfall, kurz vor einem Auftritt und die Schwerkraft holt dich auf den Boden zurück. Mai 2001, Tourneestation Cottbus in Ostdeutschland. Um die langen Distanzen in der großen Auftrittshalle schneller zurücklegen zu können, hat sich Marque ein Kickboard gekauft und fängt in der Pause vor dem Soundcheck an, Sprünge zu üben. „Viermal bin ich auf dem Hintern gelandet", erzählt Marque, „beim fünften Sprung hat's mich völlig verrissen. Ich landete so unglücklich, dass ich mir im linken Fuß das Sprunggelenk brach, die Bänder rissen ebenfalls. Mir wurde schlecht vor Schmerz, aber dass ich jetzt komplett außer Gefecht sein sollte, realisierte ich in dem Moment noch nicht. Auf dem Weg ins Krankenhaus von Cottbus sagte ich noch zum Rettungsfahrer: ‚Ich sollte aber in einer halben Stunde zurück zum Soundcheck.' Der lächelte bloß." Im Krankenhaus dann das böse Erwachen: Operation und mindestens sechs Monate absolute Ruhe, lautete die Diagnose der Ärzte. „Unmöglich", dachte sich Marque, „ich muss doch meine Tournee beenden – gerade jetzt, wo alles so gut läuft." Da fiel ihm Toni Mathis ein, den er im Jahr zuvor auf dem Formel-1-Ring in Zeltweg erstmals getroffen hatte. Mit Toni Mathis hatte sich Marque sofort auf derselben Wellenlänge gefühlt. Ein Griff zum Telefon im Krankenhaus: „Toni, du musst mich hier rausholen, ich muss so schnell wie möglich wieder auf die Bühne." „Lass dir das Bein einschienen und flieg runter", sagte Toni Mathis ganz ruhig am Telefon, „wir schaffen das schon." So geschah es: Die letzten beiden Konzerte in Deutschland abgesagt, mit dem Flieger runter nach Zürich, Transfer nach Schruns in die Privatklinik von Dr. Christian Schenk, Operation des Fußes mit Metallplatte und neun Schrauben, Liegegips. Drei Tage Klinikaufenthalt („übrigens mit toller Betreuung"), am zweiten Tag schon kommt Toni Mathis vorbei und lässt den Liegegips abnehmen. „Auf deine Verantwortung, Toni", sagt der behandelnde Arzt Dr. Wolfgang Mayer. Denn eigentlich widerspricht eine so rasche Entfernung eines Liegegipses nach einem so komplizierten Bruch allen Regeln der ärztlichen Kunst. „Aber Toni wusste einfach, was er tat", erzählt Marque. Der Patient bekam einen abnehmbaren Gips verpasst und musste schon am vierten Tag nach der Operation – mit Unterstützung von Krücken – versuchen, auf den operierten Fuß aufzutreten. „Natürlich tat das höllisch weh", erinnert sich Marque, „das Bein war stark geschwollen, die Verletzung schillerte in allen Farben. Aber Mathis war total überzeugend. ‚Du musst deinem Fuß wieder vertrauen, musst dich trauen aufzutreten, trotz der Schmerzen. Mit jedem kleinen Erfolg wächst deine Zuversicht.'" Es war diese mentale Unterstützung, verbunden mit Lymphdrainagen, Spritzen und elektromagnetischer Behandlung, die Marque innerhalb von neun Tagen wieder auf die Bühne brachte. Schon beim ersten Konzert des Österreichteils der Tournee, in Innsbruck,

war Marque wieder mit dabei. Klar war noch Schonung angesagt – Marque saß am Mikro auf einem Barhocker, der verletzte Fuß wurde hochgelagert. Bei einer konventionellen medizinischen Therapie hätte der Musiker aber einige Wochen mit Liegegips im Bett verbringen müssen.
Die weiteren Tourneestationen Salzburg, Wels, Wien und Budapest konnten anstandslos absolviert werden. „Toni ist echt ein Guru", resümiert Marque im Rückblick. „Er schaut dich an und weiß einfach sofort, was zu tun ist. Er verschiebt deine Schmerzgrenzen und flößt dir Vertrauen ein, vor allem Selbstvertrauen. Durch den Unfall habe ich gelernt, wie angewiesen ich auf meinen Körper bin, wie viel ich bis dorthin mechanisch und selbstverständlich machte. Bis mir meine Grenzen aufgezeigt wurden." Die Metallplatte mit den neun Schrauben hat Marque immer noch im Fuß – die könnte er inzwischen entfernen lassen, aber ansonsten bewegt sich der Musiker, als wenn nie etwas passiert wäre.

Wolfgang Gutberlet

Unternehmer

Wolfgang Gutberlet und Toni Mathis ergänzen sich in ihren Ideen und Vorstellungen von einer gesunden, ganzheitlichen Lebensweise hervorragend. Sind sie doch beide Männer, die sich aktiv für die Gesundheit einsetzen und intensiv nach Wegen suchen, wie Menschen gesund und gut leben können.

Kennen gelernt haben sich die beiden Unternehmer vor ein paar Jahren, als der Sporttherapeut sich intensiv mit dem Thema gutes, gesundes Wasser befasste. Er, der sich selbst intensiv mit richtiger Ernährung auseinander setzte, war damals auf den Produzenten von Bio-Lebensmitteln aus Hessen aufmerksam gemacht worden und vereinbarte ein erstes Treffen in Fulda.

Toni Mathis und Wolfgang Gutberlet stellten schnell fest, dass sie ein ähnliches Menschenbild haben und sich ähnliche Gedanken darüber machen, was der Mensch ist und was er braucht. So entwickelte sich aus dem geschäftlichen Kontakt eine Freundschaft.

In der Folge nahm Wolfgang Gutberlet an einer Fitnesswoche von Toni Mathis in Vorarlberg teil und war beeindruckt: „Es ist erstaunlich, wie Toni es schafft, den Menschen, die hier zusammenkommen, den ganzheitlichen Gesundheitsansatz nicht nur über die Bewegung näher zu bringen, sondern sie zu einer Gruppe zusammenzuschweißen. Es ist auch interessant, wie er Menschen, die älter sind und sich eher unsicher bewegen, mit durchtrainierten Sportlern zusammenbringt. Jeder erlebt hier sein sportliches Können auf seine Weise. Die Gruppe fällt nicht auseinander, es geht ganz ohne Angeberei. Die Leute benehmen sich anders, es entwickelt sich eine Nähe. Trotz anstrengender Wanderungen entstehen Gespräche und es bilden sich Interessengemeinschaften." Ganz nebenbei bringt es Toni Mathis auch noch fertig, dass jeder Einzelne die schöne Landschaft, in der die Fitnesswoche jeweils abgehalten wird, auch wirklich wahrnimmt und zu schätzen lernt.

Wolfgang Gutberlet war nicht immer sportlich. Er fing erst in späteren Jahren an, sich dafür zu interessieren. Den Ausschlag gab seine Tochter, die dem Vater einen Teilnahmeschein für einen Marathon schenkte. Das war dem Geschäftsmann denn doch zu viel. Aber einen Halbmarathon wollte er wagen. Die hohen Ansprüche, die er als Verantwortlicher seines Unternehmens an sich selbst stellte, übertrug er auch auf seinen Trainings-Stil. Er war so streng mit sich selbst, dass sein Freund Toni ihn in der Fitnesswoche mahnen musste: „Tu dir nicht weh! Geh die Sache mit Liebe an, so dass es dir gut tut und Spaß macht."

Wie sein Vater Wolfgang wollte auch Sohn Johannes in einer Fitnesswoche von Toni Mathis eine Woche lang die Hektik hinter sich lassen und sich ganz auf sich selbst besinnen. Er war gerade aus dem Urlaub zurückgekommen und litt unter Lähmungen der Gesichtsnerven. Keiner wusste, wie es dazu gekommen war. Toni Mathis schaute sich den Fall genau an und konnte ihm helfen.

Wovon er und sein Sohn profitiert hatten, das wollte Wolfgang Gutberlet fortan auch seinen Führungskräften zuteil werden lassen. Schon zwei Mal holte er Toni Mathis deshalb in die Kulturlandschaft der Rhön, um 20 Führungskräften in ein paar Tagen zu zeigen, wie man Körper und Geist wieder in Einklang bringt und neue Energie tankt. Wie es in Toni Mathis' Fitnesswochen üblich ist, bringt ein anstrengendes, aber ausgewogenes Programm mit Meditation, Gymnastik im Haus und Bewegung draußen, Sauna, Schwimmen und Ruhepausen in Verbindung mit Vollwertkost, mit Honig gesüßtem Tee und sauerstoffreichem Wasser die Geschäftsleitung wieder auf Vordermann.

„tegut..." – ein Garant für gute Lebensmittel für ein gutes Leben

Ausreichende, richtige Bewegung und eine ausgewogene, gesunde Ernährung sind zwei Grundpfeiler für eine gute Gesundheit. Und so wie Toni Mathis zum Inbegriff für Bewegung wurde, so hat sich Wolfgang Gutberlet mit seiner Firma „tegut..." mit Hauptsitz im hessischen Fulda dem Thema gesunde Lebensmittel verschrieben.

Angefangen hatte allerdings alles ganz anders. Wolfgang Gutberlets Vater Theo gründete das Familienunternehmen im Jahr 1947. Sein Startkapital waren einige gebrauchte Nägel, selbst gemachte Taschen aus Wehrmachtsbeständen und selbst genähte Hemden aus Fallschirmseide. Er taufte sein Geschäft auf den Namen „Thegu", da aber eine andere Firma in der Nähe ganz ähnlich hieß, wurde die Firma acht Jahre später umbenannt und hieß fortan „tegut...".

Bis 1973 war das Geschäft mit anfangs zwei Märkten zu einem Unternehmen mit 53 Filialen und 1000 Mitarbeitern angewachsen. Theo Gut-

berlet war 60 Jahre alt und übergab die Führung seinem damals erst 29-jährigen Sohn Wolfgang, der das Imperium heute zusammen mit seinen beiden Söhnen Thomas und Johannes leitet.
Es sollte weitere sieben Jahre dauern, bis die Erfolgsgeschichte des Unternehmens „tegut..." als Garant für gute Lebensmittel seinen Anfang nahm. 1980 fing Wolfgang Gutberlet an, sich mit Ernährungsfragen zu beschäftigen und platzierte die ersten Bio-Produkte in den „tegut..."-Märkten. Sein Interesse am Thema wurde geweckt, als er damals einen Bauernhof in der Kulturlandschaft Rhön mit ein wenig Landwirtschaft übernahm. Mit der Zeit wurde der Hof erweitert, Kühe und eine eigene Getreidemühle angeschafft. Als er schließlich das Hofgut Sassen, eine Bio-Landwirtschaft nach Demeter-Richtlinien, kennen lernte, war für Wolfgang Gutberlet klar, dass er für seine Kunden in Zukunft die Möglichkeit schaffen wollte, sich in seinen Märkten mit gesunden, reinen Lebensmitteln zu versorgen. Er war der festen Überzeugung, dass der Mensch aus einem Lebensmittel, sei das Pflanze oder Tier, Kräfte aufnimmt, die er braucht, um seinen täglichen Anforderungen gerecht zu werden und seine geforderte Leistung zu erbringen. Da spielt es eine entscheidende Rolle, wie die Nahrungsmittel produziert werden, welche Kräfte sie enthalten.
Inzwischen tragen Bio-Gemüse, Bio-Fleisch, Bio-Wurst, Bio-Backwaren und Co. bereits mehr als 16 Prozent zum Jahresumsatz bei. Seit 1972 besitzt das Unternehmen eine eigene Fleisch- und Wurstproduktion und seit 2002 im höchst gelegenen Dorf der Rhön einen eigenen Reifebetrieb. Alle Produkte, die dort reifen, werden aus ökologischen Zutaten produziert. Seit 1996 kommen Brot und Backwaren aus der eigenen Bäckerei, in der ausschließlich mit Getreide aus ökologischem Anbau und mit natürlichem, mit Sauerstoff angereichertem Wasser gebacken wird. Das spezielle Wasser wird über einen Wasserfall geführt, die einzelnen Wassertröpfchen verbinden sich im versprühenden Wassernebel mit Sauerstoffmolekülen und werden so energetisiert. Mit diesem speziellen Wasser kann ökologisches Getreide verarbeitet werden. Der Geschmack eines so gebackenen Brotes ist unvergleichlich. Zudem ist es feuchter, hat eine bessere Struktur und bleibt länger haltbar. Um eine gleich bleibend hohe Qualität der Bio-Lebensmittel zu gewährleisten, lässt die Firma „tegut..." ihre Produkte von einem Qualitätsforschungsinstitut analysieren und auf Rückstände prüfen.
Thomas Gutberlet vertritt die gleiche Meinung wie sein Vater Wolfgang: „Bio ist nicht nur besser, weil es bestimmte Spritzmittel wie Pestizide nicht

enthält, sondern weil diese Lebensmittel deutlich mehr Energie und wertvolle Informationen wie auch analytisch nachweisbare Inhaltsstoffe liefern. Bio ist eindeutig sinnvoller für den Menschen und für die Erde." Insofern ist es dem Unternehmen wichtig, die Bio-Landwirtschaft zu fördern, indem es die Landwirte in der unmittelbaren Region mit einbezieht, von denen das Unternehmen Fleisch und Wurst sowie Obst und Gemüse bezieht. So steht eine laufende Kontrolle und Steigerung der Qualität ihrer Märkte und Produkte ganz oben auf der Prioritätenliste der Firma, damit möglichst viele zufriedene Kunden Zugang zu gesunden, natürlichen Lebensmitteln haben.

Beharrlich verfolgen Wolfgang Gutberlet und seine Söhne Thomas und Johannes ihre hohen Ziele. Der Erfolg lässt sich sehen: Schon in frühen Jahren mit zahlreichen Preisen und Auszeichnungen geehrt, wurde das Jahr 2005 zu einem besonderen Erfolgsjahr für die Firma „tegut...": Wolfgang Gutberlet wurde zum „Ökomanager des Jahres" gekürt und die Filiale in Wiesbaden erhielt die Auszeichnung „Bio-Markt des Jahres".

Heute umfasst das Unternehmen über 300 Märkte im deutschen Mittelgebirge im Umkreis von rund 150 Kilometern rund um den Firmenhauptsitz in Fulda, und jedes Jahr werden es mehr. Rund 5500 Mitarbeiter setzen sich tagtäglich dafür ein, die gesunde Philosophie des Unternehmens vor Ort umzusetzen und die Bedürfnisse der Kunden zu erfüllen.

PUMA
Mercedes-Ben

TONI MATHIS wurde 1948 in Rankweil, Österreich geboren. Sein Traum von einer Karriere als Skirennläufer platzt, als er mit knapp 22 Jahren einen Bandscheibenvorfall erleidet. Danach macht er einen Abstecher in die Gastronomie, bevor er sich zum Heil- und Sporttherapeuten ausbilden lässt und in Feldkirch eine Praxis einrichtet. Laufend bildet er sich in alternativen Praktiken weiter. Schon bald ist er als Mann mit den „heilenden Händen" bekannt, der oft helfen kann, wo die klassische Medizin versagt. Als Therapeut führt ihn sein Weg zurück zum Sport, unter anderem in die Welt der Formel 1 und des alpinen Skizirkus. Toni Mathis lebt mit seiner Frau Marietta in Satteins/Düns in Vorarlberg.

DANIELA BIEDERMANN wurde 1960 in Biel, in der Schweiz geboren. Nach der Handelsschule in Neuenburg absolviert sie zunächst eine Ausbildung in der Flugsicherung. 1981 wechselt sie zum Schweizer Fernsehen und startet ihre Medienlaufbahn. 1991 verlässt sie den Sender und schreibt die folgenden Jahre als Redakteurin für verschiedene Verlage. Ende der 90er-Jahre kehrt sie zu den elektronischen Medien zurück und moderiert diverse Live-Sendungen, zuletzt das Gesundheitsmagazin PULS beim Schweizer Fernsehen. 2004 beendet sie ihre Bildschirmkarriere. Heute arbeitet sie als Mediensprecherin bei der Axpo. Daniela Biedermann lebt mit ihrer Tochter in der Nähe von Zürich.

ASHLEY JUDD Schauspielerin | PRINZ ALBERT VON MONACO | VERONICA FERRES Schauspielerin |

MICHELE ALBORETTO Rennfahrer | NIGEL MANSELL Rennfahrer | NELSON PIQUET Rennfahrer | JA

CLAY REGAZZONI Rennfahrer | MARC SURER Rennfahrer | GREGOR FOITEK Rennfahrer

JOHNNY HERBERT Rennfahrer | JEAN ALESI Rennfahrer | BERND SCHNEIDER Rennfahrer | ALEXAND

JAN MAGNUSSEN Rennfahrer | MIKA HÄKKINEN Rennfahrer | PEDRO LAMI Rennfahrer

MICHAEL SCHUMACHER Rennfahrer | ARMIN SCHWARZ Rennfahrer | MARCUS GRÖNHOLM Renn

GARY PAFFETT Rennfahrer | ALEXANDROS MARGARITIS Rennfahrer | BERND MAYLÄNDER Rennfah

SUSIE STODDART Rennfahrerin | ROBERT KUBICA Rennfahrer | NICK HEIDFELD Rennfahrer | CHRI

CHRISTIAN ALBERS Rennfahrer | THOMAS JÄGER Rennfahrer | MARCEL FÄSSLER Rennfahrer | SAN

ELLEN LOHR Rennfahrerin | TINA TURNER Copilotin | KEKE ROSBERG Rennfahrer | PETER DUMBRE

REINHOLD ROTH Motorad | MARCEL THIEMANN Rennfahrer | MARCUS NIGSCH (MARQUE) Musiker

GERRIT GLOMSER Rennrad | GERHARD ZADROBILEK Rennrad

DANIEL DEVIGILI Karate | GIANNA NANNINI Sängerin | MARC GIRARDELLI Ski | ALFRED BRENDEL

JO GARTNER Motorsport | VINZENZ HÖRTNAGEL Gewichtheber | MARK SPITZ Schwimmer | PIRM